# Hidroginástica

STEVE TARPINIAN e DR. BRIAN J. AWBREY

# Hidroginástica

Um guia para condicionamento, treinamento
e aprimoramento de desempenho na água

*Tradução*
Selma Ziedas

São Paulo
2008

Copyright © 1997 by Steve Tarpinian and Brian J. Awbrey

1ª Edição, Editora Gaia, 2008

*Diretor Editorial*
Jefferson L. Alves

*Diretor de Marketing*
Richard A. Alves

*Gerente de Produção*
Flávio Samuel

*Coordenadora Editorial*
Rita de Cássia Sam

*Preparação*
Fátima Carvalho

*Revisão*
Mirtes Leal

*Capa e Projeto Gráfico*
Reverson R. Diniz

*Foto de Capa*
Harvey Steyl/Alamy/OtherImages

*Ilustrações*
Avelino Guedes

**Dados Internacionais de Catalogação na Publicação (CIP)**
**(Câmara Brasileira do Livro, SP, Brasil)**

Tarpinian, Steve
   Hidroginástica : um guia para condicionamento, treinamento e aprimoramento de desempenho na água / Steve Tarpinian, Brian J. Awbrey ; tradução Selma Ziedas. – São Paulo : Gaia, 2008.

   Título original: Water workouts
   Bibliografia
   ISBN 978-85-7555-128-8

   1. Exercícios aquáticos   2. Exercícios aquáticos – Treinamento   3. Exercícios aquáticos – Uso terapêutico   I. Awbrey, Brian J.   II. Título

08-01324                                               CDD-613.716

**Índices para catálogo sistemático:**

1. Hidroginástica : Exercícios : Promoção da saúde   613.716

*Direitos Reservados*
**EDITORA GAIA LTDA.**
(pertence ao grupo Global Editora
e Distribuidora Ltda.)

Rua Pirapitingüi, 111-A – Liberdade
CEP 01508-020 – São Paulo – SP
Tel.: (11) 3277-7999 – Fax: (11) 3277-8141
e-mail: gaia@editoragaia.com.br
www.editoragaia.com.br

Colabore com a produção científica e cultural.
Proibida a reprodução total ou parcial desta obra
sem a autorização do editor.

Nº DE CATÁLOGO: **2777**

Este livro e minha vida são dedicados à memória de Krikor Hekemian.

*Steve Tarpinian*

Para Matthew e Nathan Awbrey: a alegria de minha vida e a razão para continuar em forma.

*Brian Awbrey*

# Sumário

Agradecimentos ................................................................11
Prefácio ..........................................................................13

1. O poder da água ........................................................15
2. Planejamento de um programa ...................................23
   *Resumo* ....................................................................32
3. Aeróbica aquática ......................................................33
   *Introdução* ...............................................................33
   *O equipamento* ........................................................34
   *Os movimentos*.........................................................39
   *Exercícios: reabilitação, condicionamento e aprimoramento
       de desempenho*....................................................50
   *Resumo* ....................................................................51

4. Corrida e caminhada em água e caminhada em água profunda..........53
   *Introdução* ...............................................................53
   *O equipamento* ........................................................55
   *A técnica*..................................................................57
   *Exercícios: reabilitação, condicionamento e aprimoramento
       de desempenho*....................................................59
   *Resumo* ....................................................................69

5. Natação ....................................................................71
   *Introdução* ...............................................................71
   *Técnica do nado livre: dicas com exercícios específicos* .................72
   *Auxiliares e equipamentos de natação*......................77

    *Como planejar um ótimo treino de natação* ..................................78
    *Braçadas extras* ...........................................................................80

## 6. Treinamento de força na água ..................................................81
    *Introdução* ....................................................................................81
    *O equipamento* ............................................................................82
    *Os movimentos* ............................................................................83
    *Exercícios: condicionamento e aprimoramento de desempenho* ........94
    *Resumo* ........................................................................................96

## 7. Aperfeiçoamento de desempenho: treinamento para um esporte específico ..................................................................97
    *Introdução* ....................................................................................97
    *O equipamento* ............................................................................99
    *Os movimentos* ..........................................................................100
    *Exercícios: condicionamento e treinamento para esporte específico* .....102

## 8. Treinamento suplementar .......................................................103
    *Monitoração de batimento cardíaco* ..........................................103
    *Flexibilidade* ..............................................................................106
    *Força* ..........................................................................................108
    *Nutrição* .....................................................................................111
    *Respiração* .................................................................................113
    *Conexão mental* ........................................................................113

**APÊNDICE I. Sugestões de leitura** ................................................115
**APÊNDICE II. Organizações** ........................................................119
**APÊNDICE III. Catálogos e vendedores de equipamentos** ...........121
**GLOSSÁRIO** ...............................................................................123

# Agradecimentos

Eu estava realmente lutando para concluir este livro. Já havia escrito a primeira versão e não conseguia perceber o que estava gerando o atraso. A pesquisa caminhava bem; no entanto, sabia que havia alguns novos avanços no campo da hidroginástica, mas estava difícil obter informação sobre eles. Por sorte, parei o projeto e alguns meses depois recebi uma carta do dr. Brian Awbrey dizendo que queria trabalhar no projeto comigo. Assim que nos encontramos, percebi imediatamente que formaríamos uma grande dupla. Quero agradecer ao dr. Brian por seus conhecimentos em hidroginástica e por sua paixão em sempre melhorar as técnicas e os equipamentos disponíveis; a Anja Schmidt, que foi muito mais do que uma excelente editora e ajudou-me em todos os aspectos da publicação deste trabalho e do meu livro anterior, *Natação: um guia ilustrado de aperfeiçoamento de técnicas e treinamento para nadadores de todos os níveis* (São Paulo: Gaia, 2007). E ainda à minha parceira favorita de corrida, Josephine Piccinic, por ser uma inspiração ao se recuperar de um acidente e pelo uso da hidroginástica no auxílio dessa recuperação.

Steve Tarpinian

Quero agradecer a Steve pela cooperação; a Ted Lorenzetti e Milton Velinsky pelo apoio criativo e por acreditarem que o exercício e o treinamento aquáticos estão apenas começando; a Francine Wilson e Mariann Sampson pela ajuda na preparação do manuscrito. Agradecimentos especiais a Kipp Dye, um atleta completo e líder no campo da hidroginástica, e sempre atento por inovações no treino aquático.

Brian J. Awbrey

# Prefácio

Quando se é um consultor de condicionamento e entusiasta da saúde, poucas coisas são mais compensadoras do que compartilhar informações que possam ajudar pessoas a se curar e a se sentir mais saudáveis e mais vibrantes. Adoro trabalhar com elas na água, seja para nadar, correr em água profunda ou fazer exercícios. O ambiente aquático sempre produz sorrisos ao final de uma sessão.

Este livro é dirigido a qualquer pessoa que queira utilizar as maravilhosas propriedades da água e seu ambiente para reabilitação, condicionamento e/ou exercício para aprimorar a competição. Algumas pessoas simplesmente adoram o ambiente aquático e, portanto, exercitar-se nele tem tudo a ver com elas. Para outras, com limitações devido a uma lesão, artrite ou obesidade, a água fornece as propriedades curativas e de apoio de que tanto necessitam. Finalmente, há atletas e pessoas ativas que procuram acrescentar um pouco de variedade ao seu programa de treinamento cruzado.

Inicialmente, o que me levou ao treino na água foi meu interesse por natação e a paixão pela água. Somente depois de sofrer uma lesão de corrida percebi realmente que também há outras formas de hidroginástica. Para ser sincero, como a maioria das pessoas e especialmente um atleta sério, eu pensava que qualquer exercício numa piscina, exceto nadar, era bobagem. Meu problema no tendão da tíbia acabou se tornando uma bênção disfarçada, pois abriu meus olhos para as infinitas possibilidades da hidroginástica. Também percebi que as propriedades curativas da água poderiam ser apreciadas por todo mundo, não apenas pelos nadadores. Além disso, descobri que as inigualáveis propriedades do treinamento aquático podem elevar meu nível de condicionamento.

A hidroginástica está rapidamente se tornando uma das formas mais populares de exercício graças à propriedade de baixo ou nenhum impacto do treinamento na água. Há muitas maneiras agradáveis e desafiadoras de fazer exercício em uma piscina. De modo geral, qualquer exercício feito no chão pode ser levado para a água (sim, concordo, flexão de braços parece meio estranho feito debaixo d'água, mas explicarei isso depois). No futuro, sem dúvida, surgirão ginásios subaquáticos completos para treinamento e reabilitação.

Hoje em dia já existem centros de condicionamento e academias que contam com esteiras mecânicas sob a água, plataformas de hidroginástica em piscinas, bicicletas, e uma miríade de equipamentos portáteis – todos com o objetivo de explorar as propriedades terapêuticas e persistentes da água.

Neste livro, decidimos falar na primeira pessoa. Quando digo "eu", isso representa, na verdade, nós dois falando a uma só voz. Escrevemos este livro *juntos* e apresentamos para você nosso treinamento e experiência únicos, com nosso entusiasmo e nosso conhecimento combinados. Ele está dividido em oito capítulos: o poder da água; como estabelecer um programa; aeróbica aquática (e exercícios de movimento); corrida dentro da água; natação; treinamento de força na água; treinamento para um esporte específico; e um treinamento suplementar (com monitoração de batimentos cardíacos, flexibilidade, força, nutrição e respiração). Exploramos os principais benefícios de cada tipo de exercício, bem como a técnica e os princípios associados a cada um. Também apresentamos um guia preciso sobre equipamentos úteis e aqueles que simplesmente enchem seu armário e esvaziam sua carteira.

# 1. O poder da água

*Ponce de León passou a vida inteira procurando a Fonte da Juventude; se tivesse se exercitado na água, ele teria se mantido jovem e vivido mais tempo!*

A hidroginástica está se tornando cada vez mais popular. Há poucos anos, as pessoas raramente usavam a piscina se não fosse para nadar e passar o tempo de maneira prazerosa. Atualmente, os nadadores percebem que cada vez mais as pessoas invadem a piscina para experimentar novas formas de hidroginástica. A coisa de que mais gosto nesses exercícios é que seus benefícios são os mesmos que os da natação.

Bem, você não precisa gostar de nadar nem ser um nadador para apreciar os enormes benefícios da hidroginástica. (Cuidado, porém: por razões óbvias de segurança, sempre nade ou se exercite numa área supervisionada por salva-vidas; a água, especialmente a água aberta – lagos e lagoas, por exemplo –, é um ambiente que precisa ser respeitado; lembre-se: a segurança vem sempre em primeiro lugar.) A natação pode ser uma atividade solitária e isso é o céu para alguns e o inferno para outros. A hidroginástica é o oposto, pois permite aos participantes a habilidade de olhar em volta, ser sociável e ainda utilizar música.

### SEM DANOS E COM PODERES CURATIVOS

Diferentemente de correr ou caminhar, a hidroginástica é quase isenta de danos: qualquer lesão é geralmente resultado de má técnica. Não há golpes ao corpo na água; todos os movimentos na piscina são protegidos pela água. Muitas pessoas, inclusive atletas de categoria mundial, usam as propriedades curativas da água para se recuperar com sucesso de suas lesões. Trata-se de uma atividade para todas as idades. Bebês, crianças, adolescentes, adultos, idosos, mulheres grávidas, pessoas com deficiência física, pessoas feridas e pacientes com artrite são exemplos da ampla gama de participantes dessa atividade de condicionamento. Cada vez mais treinadores, terapeutas, técnicos e médicos prescrevem uma atividade aquática. A hidroginástica é, talvez, a única atividade de condicionamento segura e eficaz no clima quente do cinturão do sol. Pessoas com pressão alta ou com problemas do coração, que não podem se exercitar vigorosamente ao ar livre, percebem que não apenas existe um efeito de frescor, mas também um efeito cardiovascular benéfico ao se exercitarem na água.

A hidroginástica também pode fornecer a solução para problemas climáticos. Por exemplo, quando está muito quente para treinar, você pode fazer um excelente exercício na piscina. Já quando está muito frio, com neve ou chuva, a hidroginástica é segura e eficaz. Em Boston, trato pelo menos de uma dúzia de corredores por ano com tornozelos e pulsos quebrados, resultantes de escorregões e quedas sob condições inadequadas de corrida. O risco desse tipo de lesão pode ser evitado com um treinamento substituto na água quando o tempo não estiver propício. Se você duvida, pule na piscina!

Para muitas pessoas, a primeira apresentação ao treinamento na água veio dos exemplos de dois dos heróis esportivos mais populares dos Estados Unidos: Bo Jackson e George Brett, cujas numerosas lesões foram relatadas nas páginas esportivas no final dos anos 1980 e começo dos anos 1990.

*FATO:* Bo Jackson tinha sofrido um severo deslocamento do quadril que resultou em perda do suprimento de sangue para a cabeça do fêmur e exigiu uma cirurgia de recolocação do quadril. Ao longo do tratamento e da recuperação, ele se voltou para a aquaterapia para ganhar força e amplitude de movimento.

*FATO:* no começo dos anos 1990, George Brett usou a hidroginástica para prolongar sua carreira no beisebol, tratando as juntas e os músculos doloridos por meio de exercícios específicos para esse esporte.

Tanto Jackson quanto Brett foram "apresentados à água" a fim de curar suas lesões e ambos utilizaram o poder da água para também aprimorar seu desempenho atlético. Desde aquela época, o exemplo deles levou muitos treinadores de força, técnicos e atletas a explorar a hidroginástica como meio de melhorar a força e a resistência, bem como as habilidades específicas do esporte.

É exatamente esse tipo de publicidade que levou a um *boom* do exercício vertical na água no começo dos anos 1990. Exercício vertical na água significa qualquer tipo de exercício feito em pé, em oposição ao exercício de natação, que é feito na posição horizontal. No começo dos anos 1990, cerca de 200 mil pessoas participaram de exercícios na água, seja como exercício de corrida ou como atividade aeróbica. Por volta do ano de 1993, estimava-se que esse número havia crescido para 2,5 milhões e em 1995 havia 5 milhões de praticantes regulares. Na segunda metade da década, havia entre 10 e 20 milhões de pessoas nos Estados Unidos (e no restante do mundo) participando regularmente de exercícios na água, de um tipo ou de outro.

### OS DEZ MAIORES MITOS DO TREINAMENTO NA ÁGUA:
*MITO 1:* o exercício na água é uma atividade inferior ao exercício no chão.

*VERDADE:* quando Cam Neely, astro de hóquei do Boston Bruins, machucou o joelho, foi exatamente a idéia de que exercícios na água são inferiores aos do chão que levou Kipp Dye, aquaterapeuta de Boston, a desenvolver uma técnica usando um tênis de corrida aquático junto com um sistema de corda. Ele cunhou a frase "corrida elástico-resistente" para fornecer um exercício na água vigoroso ao máximo para atletas profissionais. Usando esse sistema, provou-se que o esforço da corrida na água pode ser muito mais intenso do que o da corrida em terra. Isso significa que há maneiras de exercitar-se na água que são muito mais pesadas do que trabalhar em terra, e que ainda se têm todos os benefícios de um treino na água.

*MITO 2:* exercícios na água *não servem* para criar ossos fortes e saudáveis (uma preocupação específica no caso de mulheres grávidas e na menopausa).

*VERDADE:* a pesquisa médica mostrou que a natação vigorosa e as atividades aquáticas sérias realmente ajudam a criar cálcio nos ossos e esta é a melhor maneira de combater a osteoporose. Exercícios regulares que puxam os ossos em qualquer direção permitem o aumento da densidade óssea.[1]

*MITO 3:* não se pode criar força muscular a partir de treinamento aquático.

*VERDADE:* as propriedades da água fazem com que os músculos realmente trabalhem com mais força quando se movimentam através da água do que através do ar. Devido ao aumento da resistência – e ao aumento de *apoio* para os músculos e ossos –, a capacidade aeróbica aumenta e o risco de lesões relacionadas ao estresse diminui. Um exercício aquático sem equipamento

---

[1] Marcus R. Drinkwater, B. Dalsky, G. Dufek, J. Raab, D. Slemand e C. Snow-Harter, "Osteoporosis and exercise in women", *Medicine science in sport and exercise*, vol. 24 (6), Supl. 301-07, 1992.

oferece muitos benefícios cardiovasculares, mas ao acrescentar equipamento de resistência à água o exercício aquático pode ser altamente intensificado, de modo que aumente a força muscular, a formação óssea e a circulação.

*MITO 4:* o treinamento aquático diminui a libido.

*VERDADE:* o treinamento aquático, na verdade, tem um efeito afrodisíaco prolongado.[2]

*MITO 5:* é preciso ser um bom nadador para utilizar o treino aquático.

*VERDADE:* a maioria das atividades de treinamento aquático é segura para um nadador iniciante e muitas delas são realizadas em água rasa, com auxiliares de flutuação.

*MITO 6:* correr na água serve apenas para reabilitação e não ajuda o desempenho.

*VERDADE:* o atleta olímpico Ed Eyestone conduziu um estudo sobre corrida em terra e água, mostrando que o grupo de estudo com maior aumento de velocidade na corrida em terra foi o grupo que treinou exclusivamente na água.[3]

*MITO 7:* não se pode perder peso (queimar gordura) com treinamento aquático.

*VERDADE:* um exercício na água pode ajudá-lo a manter-se na zona de queima de gordura. Embora possa queimar mais calorias em terra por causa do fator porcentagem de peso, estudos demonstram que na água você perde uma porcentagem mais alta de gordura como fonte de energia.

*MITO 8:* o treinamento aquático não permite um exercício eficaz na água.

*VERDADE:* não somente a capacidade aeróbica vai aumentar, como também o risco de lesões relacionadas ao estresse vai diminuir.

---

[2] Embora não haja qualquer estudo científico para contrariar o mito, os autores desafiam você a participar de um programa aquático e tirar a prova.
[3] E. Eyestone, "Effects of water running and cycling", tese de mestrado, Brigham Young University, 1992.

*MITO 9:* exercícios aquáticos não fornecem impacto ao corpo.

*VERDADE:* exercícios aquáticos em água rasa podem fornecer até 50% do impacto fornecido por exercícios em terra. Instrutores aquáticos recomendam o uso de calçados para aeróbica aquática em água rasa para proteger os pés do impacto.

*MITO 10:* é preciso um monte de engenhocas para conseguir um bom exercício na água.

*VERDADE:* embora um equipamento possa melhorar seu desempenho, o único item requerido para exercitar-se na água é um traje de banho.

### PROPRIEDADES FÍSICAS DA ÁGUA

Vamos dar uma olhada nas propriedades físicas da água e ver por que ela é superior ao ar, como meio para se exercitar. Há três propriedades que comprovam essa superioridade: flutuabilidade, resistência e frescor.

***Flutuabilidade:*** a água tem uma qualidade de apoio que permite flutuar. Os efeitos da flutuabilidade aumentam quando você entra em águas mais profundas. Se você pesa 67,5 quilos em terra, pesará 6,75 quilos com água até o pescoço, uma vez que o peso dentro da água é de apenas 10% daquele em terra. A flutuabilidade apóia as juntas e permite movimentos que, de outro modo, poderiam ser impedidos por uma lesão. A flutuabilidade ajuda os pacientes de pós-operatório de joelho, quadril, tornozelo, perna e costas a se exercitar mais cedo e, portanto, a se recuperar com maior rapidez e de uma maneira mais completa, muitas vezes melhorando os níveis funcionais de antes. O aumento de flexibilidade é favorecido pelo aumento da amplitude de movimentos. Finalmente, a força da flutuabilidade lhe dá uma amplitude maior de movimentação em todas as juntas e um aumento de flexibilidade, permitindo que você varie a quantidade de impacto que recebe nas juntas.

***Resistência:*** em razão de a água ser 700 vezes mais densa que o ar e 60 vezes mais viscosa, ela fornece uma enorme resistência ao movimento. Essa resistência pode ser ligeiramente maior do que em terra ou muitas vezes maior, dependendo da velocidade do movimento. Quanto mais rápido for o movimento, maior a resistência que a água oferece. Diferentemente da resistência em levantar ou abaixar um peso em terra (que trabalha apenas um grupo muscular quando você puxa contra a gravidade), movimentar um membro na água proporciona resistência em todas as direções. A hidroginástica trabalha grupos opostos de músculos em apenas um único exercício, enquanto exercícios em terra só podem trabalhar um grupo muscular de cada vez. Quando realiza exercício de força em terra, você faz um movimento positivo e um negativo (o positivo levantando contra a gravidade e o negativo abaixando, resistindo à gravidade). Ambos usam o mesmo músculo, o que permite que a água dê um efeito positivo-positivo de treinamento. Além disso, a combinação de pressão hidrostática e turbulência, causada pelos movimentos, produz um efeito massageante nos músculos. A resistência pode ser usada como um meio de levantar peso na água, porque a pressão hidrostática (o peso da água empurrando contra um corpo) e a turbulência simultaneamente estabilizam músculos e juntas e exercem tanto um efeito de pressão quanto de massagem.

*Frescor:* este fator envolve muitas variáveis subjetivas, principalmente a de temperatura. O que parece confortável e revigorante para uma pessoa pode ser totalmente quente (ou frio) para outra. O tipo de água em que você entra também é importante. Algumas pessoas não se importam com o cloro, enquanto outras podem se sentir desconfortáveis. Ao experimentar exercícios em diferentes tipos de água, você poderá facilmente descobrir o que lhe parece mais confortável. Talvez nadar no oceano sob uma temperatura de 21 °C seja ótimo, mas fazer alongamento na água requer uma visita à Associação Cristã de Moços (ACM), onde você sabe que eles mantêm a temperatura da piscina a 26 °C.

O fator frescor também dá um enorme efeito de massagem nos músculos e nas juntas. Pesquisas feitas demonstraram que exercitar-se na água causa uma diminuição de 10% a 15% na taxa de batimento cardíaco e de 10% na de pressão arterial. Esse resultado se deve à diminuição da circulação do sangue na área da pele e ao aumento do retorno do sangue ao coração e ao sistema circulatório, liberando sangue diretamente para os músculos de trabalho. Isso significa que você pode conseguir um exercício de condicionamento muito bom para os músculos enquanto mantém um batimento cardíaco mais baixo do que em terra. Cardiologistas estão percebendo esse efeito e recomendando a todos os seus pacientes que participem de treinamento aquático como parte de sua recuperação.

## EFEITOS E VANTAGENS DO TREINAMENTO AQUÁTICO

A água é um grande equalizador. Por exemplo, meu amigo Mike e eu corremos o mais rápido possível na água e ainda assim continuamos lado a lado se usarmos um extensor. Se corrêssemos tão rápido quanto possível numa estrada, Mike logo estaria no próximo município e eu treinando sozinho.

A hidroginástica permite que você treine todos os dias e ainda evite exagerar no treinamento. Os triatletas sabem disso porque conseguem nadar muito todo dia e não ficam lesionados (com exceção de lesão no ombro devido à má técnica e/ou a músculos fracos do ombro). Se eles tentassem o mesmo nível de esforço ao pedalar ou correr, estariam pedindo por uma lesão.

A água permite que o corpo se alinhe adequadamente e trabalhe tanto os músculos posteriores quanto os anteriores. O agônico e o antagônico (músculos opostos) são trabalhados da mesma maneira e o corpo se desenvolve de forma mais equilibrada. Quando sair da água depois de uma sessão de hidroginástica, você terá uma forte sensação de equilíbrio e coordenação. Compare isso com o sentimento vacilante que experimenta depois de correr ou fazer aeróbica em terra.

A hidroginástica tem um efeito duplo de treinamento: treinamento aeróbico (ocasionalmente também anaeróbico) e tonificação muscular. Eles são exercícios cardiovasculares que usam muitos, se não todos, os maiores músculos esqueletais do corpo. Além dos movimentadores principais (latíssimo dorsal, deltóides, bíceps, tríceps, peito, quadríceps, tendões, abdominais e costas), quase todos os músculos são empregados de modo sinérgico. Isso traz sangue fresco e nutrientes para todas as áreas do corpo. Esse efeito de completa fluidez corporal remove as toxinas perigosas do corpo e ajuda a rejuvenescer cada tecido do corpo. Outros esportes podem lhe trazer músculos volumosos, esquisitos e desproporcionais. O físico construído por meio da hidroginástica não somente é prático, mas também esteticamente agradável.

A água tem um efeito de treinamento isocinético que fornece resistência igual a quando você movimenta a junta numa flexão e quando movimenta em extensão; portanto, você possui dois exercícios em um. Dei a esse fenômeno o nome de "efeito de treinamento positivo-positivo".

O ambiente aquático é muito propício ao relaxamento e alívio do estresse. Exercitar-se na água pode ser uma atividade particular, introspectiva (braçadas) ou social (participando de uma aula de aeróbica aquática, fazendo corrida em água profunda e utilizando uma Estação de Trabalho na Água com os amigos). Treinadores de atletismo estão começando a fazer todo o seu time correr na água lado a lado, como método de treinamento.

### História

A água é considerada um meio de cura desde os tempos mais antigos. Água benta, fontes da juventude e fontes quentes de cura são exemplos de ambientes aquáticos que se acredita terem poderes especiais.

Andar e correr na água são algumas das mais antigas atividades de condicionamento conhecidas pelo homem, mas apenas recentemente começaram a ser extremamente populares. Há hieróglifos egípcios e esculturas de dois mil anos a.C. que mostram nadadores e pessoas se exercitando na água. Os antigos gregos e romanos dedicavam tempo significativo aos banhos e até faziam complementação em suas casas.

*FATO:* nesses dois mil anos, houve pouca mudança no campo do exercício aquático. Cavalos de corrida de elite são treinados quase que exclusivamente na água. Para tratar das lesões repetitivas desses animais, os treinadores fazem-nos correr em grandes piscinas, conscientes dos enormes benefícios de correr e treinar na água.

Não há somente vantagens científicas nos exercícios na água, como também essa atividade é divertida. É fresca quando está quente e mais segura do que uma rua gelada no inverno. Muitos especialistas descreveram o exercício na água como "o método *high tech* de treinamento dos anos 1990". Então, a partir de agora, que tal você começar a mergulhar?

# 2. Planejamento de um programa

*Não planejamos para falhar, nós falhamos em planejar.*

Gostaria de não conhecer essa citação intimamente. Planejar é um processo que demanda certa dose de disciplina. Os poucos minutos que você gasta imaginando um plano e revisando-o periodicamente farão mais pelo seu sucesso do que horas na piscina ou na academia.

O propósito deste capítulo é definir os elementos de um programa de treinamento e orientar você na execução de seu programa pessoal, o que lhe dará os resultados que tanto espera. Além disso, vamos explorar objetivos e gerenciamento de tempo e também abordar os dez conceitos de qualquer programa completo de condicionamento: aeróbico (resistência), anaeróbico (velocidade), flexibilidade, força, freqüência, interesse, quantidade, duração, descanso e periodização.

### DEZ CONCEITOS PARA SEU PROGRAMA DE TREINAMENTO

**Condicionamento aeróbico:** esta é a forma mais popular de exercício saudável, e por uma boa razão. Atividade aeróbica é qualquer atividade que eleva a taxa de batimento cardíaco durante mais de 20 minutos. Um coração saudável é vital para uma boa saúde. O batimento cardíaco não deve ultrapassar o limite anaeróbico (veja o Capítulo 8); do contrário, você será privado de oxigênio e criará ácido láctico nos músculos. Condicionamento aeróbico é sinônimo de resistência aeróbica.

**Condicionamento anaeróbico:** o exercício anaeróbico treina o corpo para quebrar o ácido láctico de modo que você possa se exercitar mais rapidamente por períodos mais longos de tempo. A energia para esse tipo de exercício é o açúcar no sangue, tal como glicose, que apenas permite um exercício de baixa duração e alta intensidade. Essa atividade vigorosa é a princípio para treinamento de velocidade, mas certifique-se de ter uma boa base aeróbica a fim de preparar o coração e os músculos antes de tentar o treinamento anaeróbico.

**Flexibilidade:** permite que os músculos se alonguem e as juntas atinjam as amplitudes normais de movimento. Muitas pessoas não percebem, mas a flexibilidade é um dos dons da juventude. Mantê-la e melhorá-la nos faz permanecer jovens. Em minha opinião, o treinamento de flexibilidade é a fonte da juventude. A hidroginástica aumenta a flexibilidade e a amplitude de movimento pelo uso da flutuabilidade, da resistência e da habilidade da água em sustentar os membros. Uma pesquisa demonstrou que correr e caminhar dentro da água pode melhorar a flexibilidade e a amplitude de movimento em até 230%.[4] Filmagens subaquáticas em vídeo revelaram um grande aumento da amplitude de movimento das extremidades inferiores das juntas, sem qualquer esforço consciente. (O Capítulo 8 traz informações de como melhorar sua flexibilidade.)

**Força:** assim como a flexibilidade, a força será aumentada pelos exercícios na água. O treinamento de força na água é aprimorado por meio do uso de vários equipamentos e pelo aumento de velocidade e melhora de estilo dos movimentos aquáticos. Realizar um exercício na água em conjunto com exercício em terra pode trazer um benefício em dobro (veja o Capítulo 8).

**Freqüência:** a quantidade de vezes que você se exercita é importante. Diferentes atividades requerem diferentes freqüências:

Treinamento aeróbico – de três a seis vezes por semana
Flexibilidade – diariamente
Força – de duas a três vezes por semana

**Interesse:** é importante enfatizar que você precisa gostar do que faz. Há ótimas escolhas de como se exercitar. Eis uma pequena lista de algumas das atividades possíveis para o treinamento aeróbico: correr (em terra ou na água); caminhar (em terra ou na água); aeróbica (em terra ou na água); andar de caiaque (ou remar); nadar; andar de bicicleta; esquiar *cross-country*; patinar, entre outras.

Observe que os esportes de jogos, como tênis, raquetebol, basquete, softbol e golfe – embora sejam atividades saudáveis –, não são as melhores opções para uma atividade aeróbica devido à natureza casual de qualquer atividade do tipo jogos (veja o Capítulo 8). Os esportes de jogos podem ser considerados *complementares* para seu programa de condicionamento.

*FATO:* qualquer tenista ou golfista com quem trabalho vai dizer como seu jogo melhorou depois de adotar um dos nossos programas de treinamento cruzado.

---

[4] B. J. Awbrey, "Aqua therapy: a proven combination for optimal gamma strenghtening." *Biomechanics* 2 (4):87-89, 1995.

Todos os atletas de terra podem se beneficiar do treinamento cruzado e do treinamento na água específico para o esporte. O efeito é aquele que os fisiólogos de exercício chamam de "treinamento gama", ou "carga gama". Isso significa que certas atividades de um esporte, tais como balançar um taco ou boxear, são mais difíceis de fazer na água do que em terra. Portanto, se você é capaz de fazer bem na água, fará superbem em terra. A incidência reduzida de lesões e a boa forma cardiovascular melhorada são bem-vindas por todos os atletas.

**Quantidade:** uma pergunta comum é: qual a distância e o tempo que devem ser gastos com o treinamento? Isso vai variar do total de uma hora por semana para o iniciante a 20 ou mais horas para o atleta profissional ou competitivo.

**Duração:** quanto dura o exercício?
Aeróbico – 20 a 60 minutos
Força – 20 a 30 minutos
Flexibilidade – 10 a 20 minutos

**Descanso:** tão importante quanto os exercícios é a quantidade de descanso entre eles. A fase de descanso é quando o corpo realmente cria músculo e se torna mais forte. De quanto descanso você precisa? Depois de um exercício difícil e longo, tire uma folga de um dia ou treine de modo mais leve. Há muitas variáveis aqui e provavelmente o estresse é a maior de todas. Lembre-se de que um exercício leve sempre ajuda a reduzir o estresse. Aprendi da pior maneira possível que deixar o estresse crescer pode ser muito prejudicial à saúde. Reduza ou elimine tanto estresse quanto possível e ponha o descanso no lugar dele. Para a maioria dos que se exercitam, o estresse psicológico pode ser ainda mais prejudicial do que o estresse físico, podendo levar a doenças, perda de energia e padrões erráticos de sono.

**Periodização:** a periodização – um método de treinamento que alterna dias, semanas e meses pesados e leves – provou ser a melhor abordagem ao treinamento. Ela previne o esgotamento e promove a máxima melhora ao permitir que o corpo descanse e se refaça depois de um treinamento pesado.

### Esboço de um programa de condicionamento

**A verdade simples:** se um treinamento não está produzindo os resultados que você queria e não é agradável, você não vai cumpri-lo. É claro que sempre se pode usar o método da força bruta e dizer: "Você vai entrar nesse extensor hoje! Eu odeio isso, mas vou fazê-lo, de qualquer jeito!". Mas faltam força constante e entusiasmo para esse método. Para que seu programa de treinamento seja bem-sucedido, ele deve se tornar parte de seu estilo de vida. O treinamento deve ser a parte de seu dia pela qual você espera ansiosamente.

Sempre haverá um dia qualquer em que você terá de se arrastar até a piscina; no entanto, terá a confiança de saber que depois vai se sentir bem e de que os benefícios vão compensar em muito qualquer resistência que você possa ter ao programa. A hidroginástica é ótima para manter o interesse porque ela pode ser tão variada que existe sempre alguma coisa para agradar a qualquer pessoa.

Para que seu programa seja bem-sucedido, três elementos são fundamentais:
1. objetivos específicos;
2. um plano para atingir seus objetivos; e
3. disciplina para prosseguir com seu plano.

### Conheça sua anatomia

Quando planejar um programa de treinamento, certifique-se de fazer exercícios que se concentrem em todos os grupos maiores de músculos do corpo. (Esses músculos são mostrados a seguir e referem-se especificamente aos capítulos de exercícios na água e ao Glossário no final do livro.)

Grupos básicos de músculos do corpo

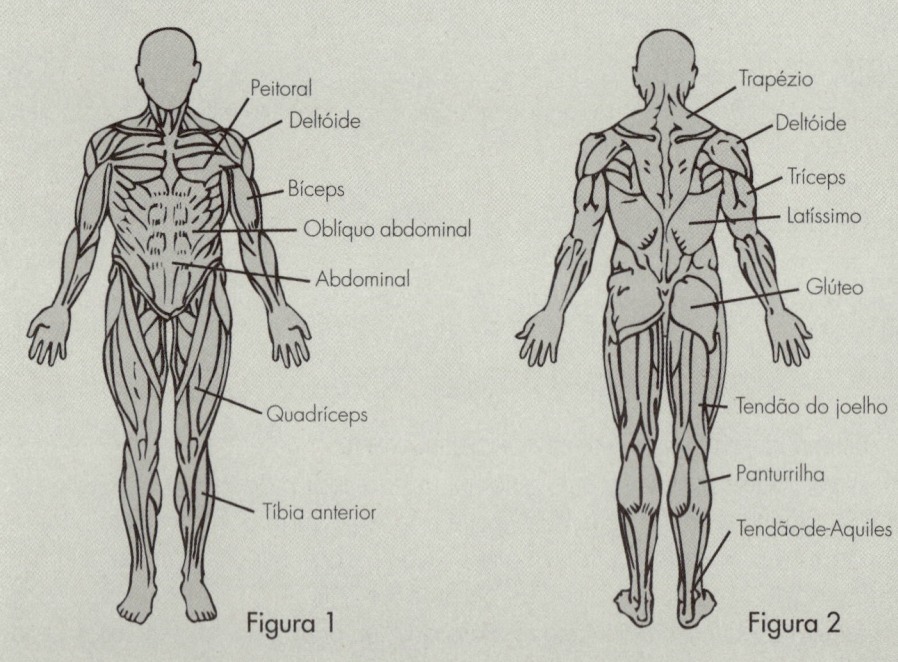

Figura 1

Figura 2

Siga esses três elementos e literalmente você não vai ter nada a perder (bem, a queima de gordura levará à perda de peso). Se pular um desses elementos ou negligenciar o programa, os resultados serão mínimos. Parece fácil, não é? Nós, seres humanos, temos tantos esquemas de auto-sabotagem que o processo geralmente é mais difícil do que precisaria ser. Vamos dar uma olhada nesses elementos e, ao mesmo tempo, contabilizar as chances a nosso favor.

### Disciplina

Gostaria de começar pelo último elemento: a disciplina. Esse é o mais difícil de dominar, porque estabelecer objetivos e fazer um plano é simples; eu lhe dou um pequeno exercício para fazer em algumas páginas; você faz e pronto. É até gostoso. A disciplina é contínua; e todos aqueles seus diabinhos vão pular e tentar ser mais espertos que você. Além disso, de vez em quando seu plano original e possivelmente seus objetivos podem precisar de atualização. Por exemplo, uma lesão pode atrasá-lo ou você pode achar que seu plano original e/ou seus objetivos são muito mais fáceis do que pensou a princípio.

Um diário para seu treinamento ajuda bastante a rever o programa de exercícios e acompanhar seu progresso. Esse diário pode ser simples, como algumas anotações jogadas em sua agenda, ou mais elaborado, como um programa de computador, onde são registrados dieta e batimento cardíaco. De qualquer maneira, mantenha algum registro – é o único modo de saber onde você estava e para onde está indo. Toda semana você deve elaborar um horário realista para a semana seguinte. No final da semana, verifique o resultado e faça um novo horário. Pelo menos uma vez por mês dê uma olhada em seus objetivos e verifique se eles ainda valem. É simples assim. A única falha será se você parar. É bom saber disso. Costumamos inventar muitas desculpas, mas a mais freqüente é: "Eu gostaria muito, mas simplesmente não tenho tempo". Há alguns livros fabulosos em termos de gerenciamento do tempo (veja o Apêndice I); mas o importante não é o tempo: é o compromisso.

Então, decida agora que sua saúde tem uma prioridade muito alta e programe seu momento de se exercitar. Em sua mente, faça disso um encontro marcado que simplesmente não pode cancelar. Você ficará surpreso com a facilidade em conseguir se sentir mais completo quando sua saúde tiver uma prioridade tão alta.

## OBJETIVOS ESPECÍFICOS

O melhor é esboçar um programa com base nos resultados que você gostaria de atingir a partir do investimento (tempo, energia, dinheiro e criatividade) em seu programa de exercícios. Reserve alguns minutos para preencher a folha na próxima página. Isso poderá ajudá-lo muito na verificação de suas necessidades de condicionamento e objetivos.

Em um papel, você verá como é fácil escrever seus objetivos e o início de seu plano de condicionamento. Você poderá colocá-lo em um lugar de fácil acesso. Mesmo que seja um cético, tire de cinco a dez minutos para fazer isso. Prometo que fará mais por você do que pode imaginar. Se fizer direitinho, você se sentirá animado e pronto para elaborar um plano.

---

**RESULTADOS DESEJADOS DE MEU PROGRAMA DE TREINAMENTO**

Objetivos de sentimento

Fisicamente
Emocionalmente
Espiritualmente

Objetivos específicos de condicionamento

| *Objetivo* | *Quando* | *Por que* |
|---|---|---|
| 1. | | |
| 2. | | |
| 3. | | |
| 4. | | |

De que preciso para atingir meus objetivos?

Como me sentirei quando os atingir?

Eis um exemplo de um quadro preenchido:

---

**RESULTADOS DESEJADOS DE MEU PROGRAMA DE TREINAMENTO**

### Objetivos de sentimento

Fisicamente – mais energia, mais forte e esbelto, curar essa dor crônica no tornozelo.

Emocionalmente – ficar calmo e centrado, capaz de lidar com as coisas que estão à minha volta.

Espiritualmente – conectar-me com quem sou e com meu objetivo de vida.

### Objetivos específicos de condicionamento

| *Objetivo* | *Quando* | *Por que* |
|---|---|---|
| 1. Nadar 100 metros em menos de 1min10s. | 1/2/1997 | Nesta época estarei em ótima forma. |
| 2. Completar o desafio local de 200 voltas. | 15/4/1997 | É algo que nunca fiz. |
| 3. Competir com Masters. | 1/5/1997 | Pela emoção da competição. |
| 4. Completar o triatlo de 1/7/1997 | 1/7/1997 | O triatlo é o auge do condicionamento. |

### De que preciso para atingir meus objetivos?

– entrar num grupo de Masters, ter aulas de corrida em água profunda
– filmar-me em videoteipe
– comer melhor
– estabelecer meu horário semanal todo domingo à noite para permitir tempo para os exercícios

### Como me sentirei quando os atingir?

– Ninguém me segura!

### Plano para atingir seus objetivos

Com os objetivos na mão e um compromisso sincero, agora podemos desenvolver o plano. Esse plano é seu exercício. Se tiver o luxo de um técnico ou treinador pessoal, então este capítulo será apenas para referência. Se, no entanto, você não tem e está sozinho, esta seção é um guia passo a passo para treinar a si mesmo.

A primeira pergunta que precisa fazer é: "O que quero de meu programa de exercícios?" Alguns exemplos de respostas mais comuns: perder peso, melhorar a corrida, reabilitar uma lesão, aprender a nadar, exercitar o coração. A resposta a essa pergunta vai direcionar o tipo, a duração e a intensidade de seus exercícios. Eis o que eu prescreveria para cada uma dessas respostas.

**Perder peso:** a menos que tenha um problema de hipotireoidismo, todo mundo pode perder peso e sabe como. Exercite-se mais e coma menos! Mas que conceito novo! Para comer, você não está exatamente sozinho, pois o exercício tende a refrear seu apetite; além disso, dou-lhe uma ajuda extra com nutrição (veja o Capítulo 8).

Como exercício, escolha um aeróbico; ou, melhor ainda, alguns diferentes (treinamento cruzado). O segredo do exercício para perder peso é longa duração, alta freqüência e intensidade adequada. Você deve ficar na zona aeróbica (veja o Capítulo 8) o máximo possível. Nade, corra em água profunda, faça aeróbica dentro da água, exercite-se em uma Estação de Treino na Água, – certificando-se de que está na intensidade correta – e trabalhe de 20 a 60 minutos, três a seis dias por semana.

Minha recomendação pessoal é alternar todo dia entre exercício na água e em terra, com um dia de folga por semana. Quando chegar ao peso desejado, comece um programa de treinamento de força (veja o Capítulo 8). Tenha paciência e faça de seu exercício algo pelo qual você espera ansioso. Mesmo que só agüente dois ou três minutos na primeira sessão, está ótimo – simplesmente aumente um pouco de cada vez. Para alguns, o silêncio os anima, para outros, a música é uma ferramenta inspiradora. Use o que funciona para você.

**Melhorar a corrida:** corrida em água profunda é um dos segredos mais bem guardados para melhorar sua corrida. Pode ajudar de muitas maneiras (veja o Capítulo 4, técnicas e exercícios específicos para corrida). Natação e aeróbica aquática também ajudam, se você gosta de variar. Mas tenha cuidado: se ficar bom na natação, você pode fazer algo maluco, como sair e se inscrever num triatlo.

*FATO:* é possível melhorar o desempenho com a corrida na água e isso foi demonstrado recentemente pelo maratonista olímpico norte-americano Ed

Eyestone. Como parte de um estudo para o mestrado, ele conseguiu um número de corredores de recreação para participar de um programa de exercícios de seis semanas, no qual alguns corriam apenas na água, alguns somente em terra, e alguns pedalavam bicicleta. Ao final das seis semanas, os que correram na água progrediram mais do que os outros dois grupos, melhorando em 1% sua corrida em terra, ou cerca de sete a dez segundos por quilômetro. Eles fizeram tudo isso sem correr um centímetro em terra durante seis semanas.[5]

Minha recomendação pessoal é fazer pelo menos duas sessões de água por semana, além de seu treinamento em terra. Faça uma corrida leve de recuperação depois de um exercício de intervalo, de um exercício de montanha ou de corrida. Essa sessão deve ser de 30 a 60 minutos, na qual você deve variar o comprimento do passo e a intensidade (entre os extremos baixo e alto de sua amplitude aeróbica, veja o Capítulo 8). A outra sessão deve ser com exercício de velocidade ou de intervalo (veja o Capítulo 4). Se você sofreu uma lesão ou tem a tendência de se ferir com o aumento da distância, faça a corrida longa na piscina.

**Reabilitar uma lesão:** quase todos os exercícios de movimento para a reabilitação de uma lesão podem ter melhores resultados na água. Como há vários tipos de lesão, consulte seu médico ou fisioterapeuta para saber quais exercícios específicos deve fazer e pergunte-lhe se podem ser feitos na piscina. Faça uma boa aula de aeróbica aquática para ajudar a melhorar a circulação e trabalhar todos os músculos e juntas.

Minha recomendação pessoal é obter movimentos específicos com seu médico ou terapeuta e então ir para a piscina e fazê-los. Depois desses exercícios, faça natação, corrida em água profunda ou aeróbica aquática para acelerar a recuperação e melhorar o condicionamento cardiovascular.

**Aprender a nadar:** se este é seu objetivo, então entre para uma boa aula introdutória e comece imediatamente. Quando você se sentir tranqüilo com seu desempenho em natação, tente usar a técnica específica e a informação de treinamento descritas mais adiante (veja o Capítulo 5).

**Exercitar o coração:** minhas recomendações para isso são exatamente as mesmas para perda de peso. Interessante, o mesmo plano para manter a saúde é um ótimo programa de perda de peso.

Quando se trata de intensificar um treinamento aeróbico, podemos medi-lo pelo batimento cardíaco. Você pode fazer isso subjetivamente ou tomando seu próprio pulso. Por subjetivamente queremos dizer alguma porcentagem do

---

[5] E. Eyestone, op. cit., p. 5.

batimento máximo que pode ser percebido. Verificar o pulso elimina a adivinhação do seu treinamento. (Todas as variadas faixas de batimento cardíaco se encontram descritas no Capítulo 8.)

Oriente-se pela frase: "Treine, não force".

Sempre ouça seu corpo. Dor aguda em qualquer parte do corpo é sinal de alerta, especialmente dor nas juntas. Um desconforto muscular temporário, por outro lado, é bom e deve ser considerado um sinal positivo, o que indica que seu treinamento está progredindo bem.

O único problema que pode ocorrer para aqueles que desejam treinar na água é encontrar uma piscina que não esteja disponível na hora certa. É bem fácil encontrar piscinas na maioria das cidades, em clubes e escolas. Há livros de referência que ajudam a localizar piscinas adequadas (veja o Apêndice I). Não se limite a piscinas; use águas abertas como lagos e lagoas, quando adequados. Um traje de banho, óculos e talvez uma touca são as únicas peças de equipamento necessárias. Há, no entanto, alguns equipamentos recentemente desenvolvidos que podem aumentar o efeito do treinamento, especialmente em água profunda (veja os capítulos 3 e 4).

## **RESUMO**

Arranjar um tempinho para planejar antes de embarcar em seu novo programa de hidroginástica é o melhor investimento que você pode fazer. Se algumas das sugestões parecerem exageradas, então comece com um pequeno compromisso. Isso é particularmente útil se você está apenas começando a se exercitar e parece impossível fazer de três a cinco treinos por semana. Comece com uma vez por semana e avalie como se sente depois disso. Já vi muitas pessoas começar com um pequeno comprometimento, experimentar os benefícios e aumentar o número de sessões e sua duração, sem esforço.

O exercício é uma das pedras angulares a que me refiro como TRÍADE da saúde: uma mente sã, um corpo são (com exercícios) e uma dieta saudável. Encontrar o equilíbrio certo entre essas três áreas é a arte de uma vida saudável.

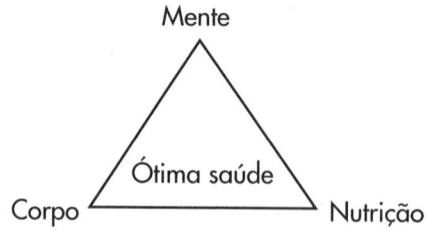

A tríade da saúde: mente, corpo e nutrição.

# 3. Aeróbica aquática

*A questão não é se você é bom, mas se trabalha bem.*

## INTRODUÇÃO

A hidroginástica se tornou muito popular. Vá a qualquer academia que possua uma piscina e uma boa programação e encontrará pelo menos uma aula de aeróbica aquática. Qualquer atividade aeróbica realizada na água pode literalmente ser considerada aeróbica aquática: natação, pólo, corrida em água profunda, pular continuamente para cima e para baixo na parte rasa, entre outros. No entanto, em geral a aeróbica aquática se refere aos exercícios que envolvem uma série de movimentos na água – seja no fundo (mais difícil) ou na parte rasa (mais fácil) – que mantêm o batimento cardíaco elevado por certo período de tempo. Ela é o equivalente às aulas de aeróbica numa academia e também pode valer-se da música como meio de encorajamento e motivação. Assim como há muitas aulas de aeróbica em terra com diferentes ênfases (alongamento, "funk", de alta intensidade etc.), as aulas de aeróbica aquática possuem diferentes áreas de concentração.

Há uma grande diferença entre aeróbica aquática e aeróbica em terra: o impacto. Esta última oferece tanto aulas de alto quanto de baixo impacto. A maioria das lesões nessas aulas advém desse impacto. Na água, as opções são baixo impacto e nenhum impacto. Isso não significa que as aulas de aeróbica na água sejam menos intensas ou menos difíceis. Na verdade, acho que essas aulas são muito mais difíceis do que em terra. A razão principal para isso é que você encontra muitas vezes a resistência do chão – em três dimensões. Alguns dos melhores movimentos de aeróbica aquática utilizam a noção de que a resistência da água e a necessidade de lutar contra a flutuabilidade levam a um melhor exercício na água.

Assim como na corrida em água profunda, você consegue quase todos os benefícios sem nenhuma das lesões por excesso, associadas aos exercícios feitos no chão. Há muitas informações disponíveis para ajudá-lo a conseguir o máximo de desempenho em uma aula de aeróbica aquática e para lhe permitir planejar um exercício específico para suas necessidades. Você pode até escolher sua própria música para fazer o "motor funcionar". A aeróbica aquática não existe apenas para um treino aeróbico, mas também pode ser usada como veículo para a reabilitação de lesões, como um método para apressar a recuperação de exercícios difíceis e um modo de relaxar e se livrar de um dia cheio ou uma programação pesada de treino.

## O EQUIPAMENTO

Embora não seja necessário usar equipamento específico para a aeróbica aquática, muitos equipamentos estão disponíveis para melhorar essa prática. A maioria deles usa o princípio de que o aumento da resistência de seus movimentos aumenta a intensidade do exercício (lembre-se: quanto mais rápido o movimento, maior resistência a água oferece). Alguns equipamentos podem ser conseguidos em casa, como, por exemplo, uma embalagem vazia de leite. Além do equipamento de aumento de resistência, precisa-se de colete, cinto ou short para exercícios em água profunda.

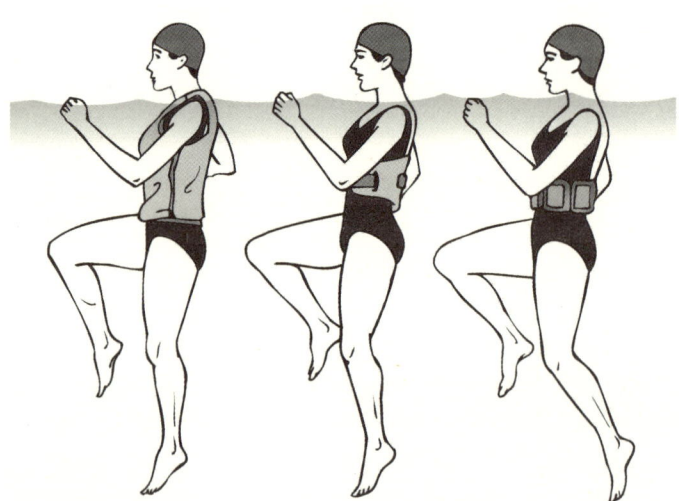

*Colete de flutuação.*     *Cinto de flutuação.*     *Short de flutuação.*

**Sapatilha de aeróbica aquática:** a idéia de usar sapatilhas dentro da água pode parecer boba; no entanto, há várias razões para usá-las. As aulas de hidroginástica podem acarretar lesões no pé; os exercícios com *step* podem, ainda, provocar um impacto significativo na ponta dos pés. Recentemente, os diretores de piscinas têm exigido que os participantes dessa modalidade usem sapatilhas para prevenir escorregões no fundo da piscina que possam machucar os pés e – um problema comum – o desgaste da pele da ponta dos pés que entope os filtros da piscina. Há empresas que até fabricam sapatilhas com ganchos de fixação para cordas resistentes de elástico.

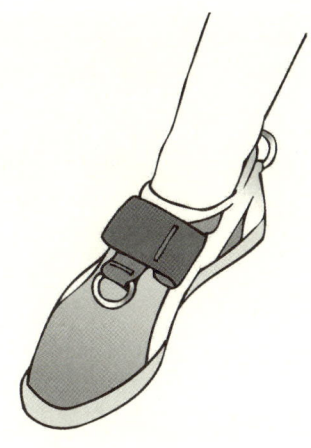

*Sapatilha de exercício na água.*

**Coletes, cintos e short:** esses itens permitem que você faça sua aeróbica aquática na parte funda da piscina. Também ajudam a mantê-lo ereto na parte rasa durante a aula de hidroginástica. Um treinador de pista inovador, Glen McWaters, desenhou um colete para corrida que ele chamou de Colete Molhado. Embora esse colete seja muito popular, há uma desvantagem para algumas pessoas que acham desconfortável a tira entre as pernas.

Devido a essas desvantagens associadas ao colete, muitos tipos de cintos foram criados. Embora sejam uma opção menos cara, os cintos apresentam o problema de subir até as axilas e não fornecem o mesmo equilíbrio que os coletes e shorts.

Muitos problemas com coletes e cintos têm sido abordados e resolvidos pela introdução dos Shorts de Flutuação. Esses shorts de neoprene aplicam pressão nas coxas, em vez de no intervalo entre as pernas. A flutuação, que fica na cintura, permite um movimento natural na água. Usando o short, você pode adicionar a corrida em água profunda e rotinas de caminhada aos treinos, bem como muitos outros tipos de exercícios na água.

**Polainas e luvas de resistência:** são objetos plásticos de flutuação, colocados nos tornozelos, pés ou pulsos. Os dispositivos feitos de plástico duro podem causar lesão. Os mais versáteis são luvas de espuma colocadas tanto nos tornozelos quanto nos pulsos. Esses dispositivos flutuam e já mostraram cientificamente que aumentam a intensidade do exercício em até cinco vezes.

Há no mercado uma marca de luvas que usa um cordão de elástico resistente, amarrado na piscina, para aumentar a intensidade do exercício.

*Luvas de flutuação e cordão de resistência.*

**Pesos e halteres:** estes se parecem com halteres e pesos comuns, a não ser pela parte que seria o peso, que é feita de um material flutuante ou um remo de plástico. O peso fornece uma resistência extra aos músculos do braço quando é movimentado dentro da água. Esses dispositivos também podem ser usados para mantê-lo na superfície quando você faz exercícios para as costas ou as pernas. Também é comum o uso de embalagens vazias de leite (de um litro) para conseguir o mesmo efeito. Você pode segurar a embalagem e, com a tampa bem fechada, movimentá-la debaixo da água, produzindo uma resistência extra que pode tornar o exercício mais interessante ou, pelo menos, mais intenso. Quando usar equipamento feito em casa, certifique-se de lavar as embalagens com sabão e remover todos os rótulos. Os pesos geralmente têm pontas almofadadas e pegadores que não escorregam.

*Pesos e halteres para água.*

**Nadadeiras:** especialmente úteis para o trabalho em água profunda e natação, as nadadeiras fazem as pernas trabalharem com mais intensidade e ajudam na flexibilidade dos tornozelos

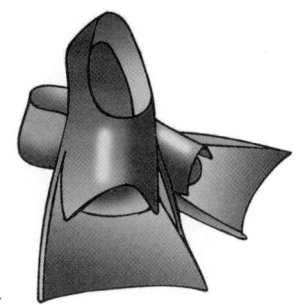

*Nadadeiras Zoomers.*

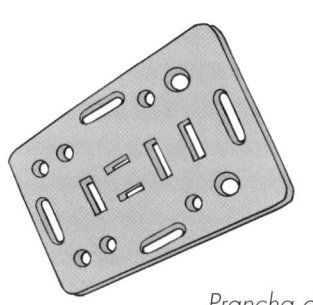

**Prancha de Exercício:** este equipamento simples e versátil pode ser usado para trabalhar tanto a parte superior quanto a inferior do corpo, além de melhorar o equilíbrio e a coordenação. Além disso, a Prancha de Exercício na Água se transforma em uma ótima prancha de batida de pernas.

*Prancha de Exercício na Água.*

**Degrau Aquático e Cavalo Aquático:** como em terra, existe um programa emergente de aeróbica de degraus na água. Um novo dispositivo chamado Cavalo Aquático mistura um degrau e uma barra de exercício que permite atividades tridimensionais com os braços. Os dispositivos, popularizados hoje, são geralmente comprados pelos clubes.

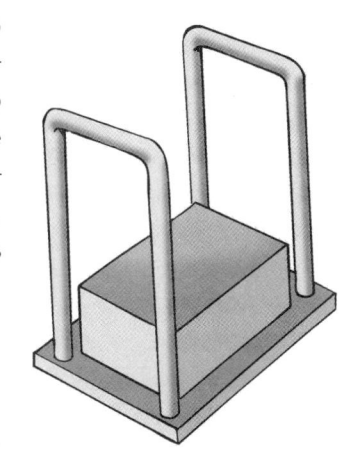

*Cavalo Aquático com degrau.*

**Rádios e *players* à prova d'água:** se você se exercita sozinho, um dispositivo que lhe fornece música é uma necessidade. Muitas vezes a música faz a diferença entre um exercício comum e um grande exercício. Tente usar um que reproduza fitas para ter controle sobre o tipo de música. Você pode gravar suas próprias fitas com música lenta para aquecimento ou desaquecimento, além de música com alta energia para a maior parte de seu exercício.

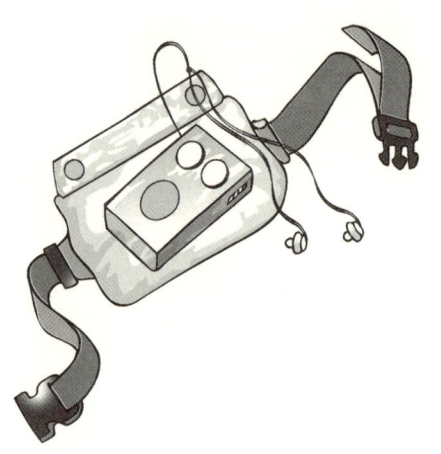

*Rádio à prova d'água.*

**Luvas e palmares:** a resistência dos movimentos dos braços pode ser aumentada com a utilização de luvas e palmares com uma membrana entre os dedos. Luvas e palmares são geralmente feitos de neoprene ou de tecido macio, e há uma versão que tem cordões de elástico de resistência.

*Luva com cordão de resistência.*

**Monitor de batimento cardíaco:** um monitor de batimento cardíaco é muito útil na hidroginástica porque permite que você tenha certeza de estar na zona correta. É muito fácil se enganar, pensando que está se exercitando no nível adequado de intensidade quando, na verdade, você pode estar muito abaixo dele. O monitor é uma ótima maneira de afastar a adivinhação do seu treinamento. (Veja o Capítulo 8 para informação sobre treinamento com batimento cardíaco.) Independentemente do monitor que você comprar, certifique-se de que seja à prova d'água. A retroinformação ou *feedback* do monitor é útil em qualquer atividade aeróbica.

**Estação Aquática de Exercício:** provavelmente, o dispositivo mais inovador apresentado para fazer exercícios na água é a Estação Aquática de Exercícios Aquatrend. É um equipamento de aço inoxidável preso à beira da piscina ou colocado sobre um estrado dentro da piscina. Esse dispositivo permite que se faça um número ilimitado de exercícios, exatamente como você faria em terra. Além disso, ele utiliza a resistência, a flutuabilidade e a turbulência da água para intensificar o exercício. A Estação Aquática de Exercícios também vem com equipamentos adicionais, como bicicleta, máquina de remar, degraus e um dispositivo Nordic Track, todos utilizando o poder suave da água. Essa estação pode ser uma peça divertida e importante em seu treino na água. (Para comprar qualquer desses produtos, veja o Apêndice III.)

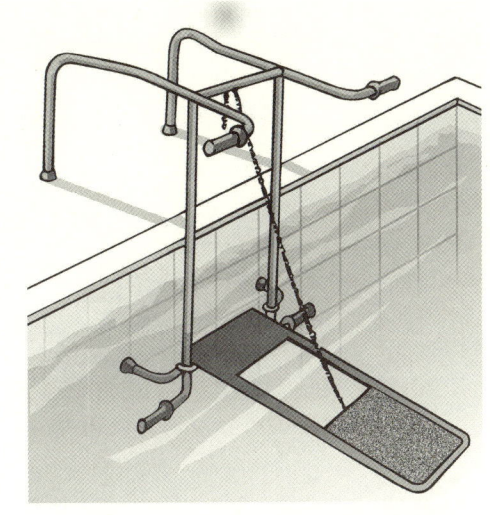

*Estação Aquática de Exercícios.*

## OS MOVIMENTOS

Há um número infinito de movimentos que podem ser feitos na água para criar uma combinação. Nesta seção vamos abordar alguns dos mais simples e mais comuns.

O melhor lugar para praticar a hidroginástica é num ambiente de aula, com um bom professor. As recomendações pessoais são geralmente o melhor caminho para encontrar a melhor classe. Procure nos colégios locais, nas academias e nos centros de recreação para ver o que eles têm a oferecer. Existem até aulas de *step* na água.

Esse treino é semelhante ao das aulas de aeróbica em uma academia. Usa-se a batida da música para ajudá-lo a fazer os movimentos. Isso explica por que a aeróbica é popular. Você faz um ótimo exercício e sente-se como se estivesse dançando ao som da melodia.

O exercício de hidroginástica é composto por uma série de movimentos repetitivos, seguidos pela repetição completa da série. Assim como em todo exercício aeróbico e anaeróbico, você precisa fazer um aquecimento, um alongamento e um desaquecimento. Os movimentos apresentados aqui poderão ser utilizados para fazer seu próprio programa e/ou acrescentados ao programa já feito. (Veja o Capítulo 2 sobre "Planejamento de um programa".)

### Dez movimentos essenciais para uma rotina de hidroginástica
Linhas gerais:
- Estes movimentos podem ser feitos em água rasa ou profunda.
- Utilize dispositivos de flutuação tanto para água rasa quanto para profunda.

**1. Correndo no lugar:** corra no lugar, simulando a mesma forma de correr em terra: relaxe os ombros e mantenha-os abaixados; traga os joelhos até um ângulo de 90 graus e certifique-se de movimentar os braços na direção oposta à das pernas. Não deve haver nenhum movimento lateral. Mantenha a cabeça erguida e olhe para a frente.

*Correndo no lugar.*

**2. Soldado de brinquedo:** este movimento é semelhante ao de correr no lugar, mas aqui você deve manter as pernas e os braços esticados. Esse movimento trabalha os quadríceps e tendões do joelho um pouco mais detalhadamente do que o de correr, uma vez que a distância da alavanca é aumentada pela água (porque você usa a perna inteira, em vez de parte dela). Esse movimento pode ser feito no próprio lugar ou dando passos longos.

*Soldado de brinquedo.*

**3. Chute oposto ao braço:** gosto de chamar de "movimento de animadora de torcida". Nesse movimento, você levanta a perna oposta ao braço esticado para a frente. Se for muito cansativo manter a perna esticada, tente dobrar o joelho.

*Chute oposto ao braço.*

**4. Chute com o joelho levantado:** levante o joelho até o peito e depois chute o pé para a frente. Alterne as pernas e mantenha as mãos esticadas para fora ou nos quadris, para se equilibrar. Esse movimento trabalha os quadríceps e os tendões dos joelhos e favorece a coordenação.

*Chute com joelho levantado.*

**5. Chute para cima com o calcanhar:** levante um dos pés para trás, tentando tocar a nádega com o calcanhar. Alterne as pernas e mantenha as mãos para fora, de lado, para ajudar a equilibrar. Esse movimento trabalha os tendões dos joelhos e quadríceps e favorece a coordenação.

*Chute para cima com o calcanhar.*

**6. Chute de tesoura:** pule bem ereto e cruze as pernas para trás e para a frente. Repita. Esse movimento trabalha as pernas e os músculos abdominais.

*Chute de tesoura.*

**7. Polichinelo:** estes movimentos são iguais aos que você aprendeu nas aulas de ginástica, só que muito mais divertidos na piscina. Eles são ótimos, porque trabalham tanto a parte superior quanto a inferior do corpo.

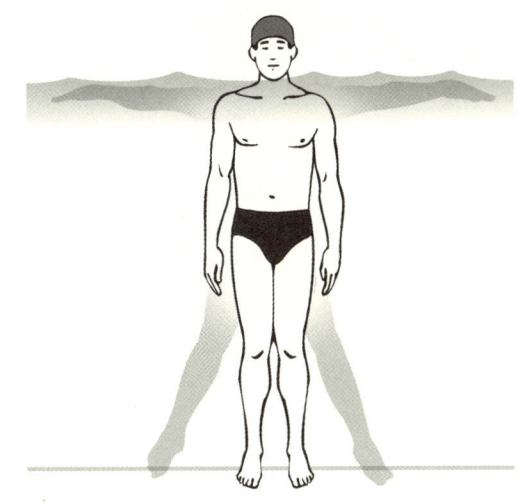

*Polichinelo.*

**8. Empurrões:** você precisa de um pouco mais de espaço para fazer esse movimento. Empurre para a frente, com a perna direita, num ângulo de 90 graus. Alterne as pernas. Braços em oposição. Esse movimento dá uma boa alongada no músculo psoas (abdominal).

*Empurrões.*

**9. Perna aberta para o lado:** movimente a perna abrindo-a para o lado quanto mais alto possível, depois traga-a para baixo. Alterne as pernas e use seus braços como estabilizadores. Esse movimento trabalha os abdutores dos quadris e os adutores.

*Perna aberta para o lado.*

**10. Pulo para a frente, pulo para trás:** use ambas as pernas para pular para a frente como se estivesse brincando de "sapo pulador"; depois, pule para trás. Esse é um movimento que realmente faz o coração bater, desde que você use as duas pernas juntas.

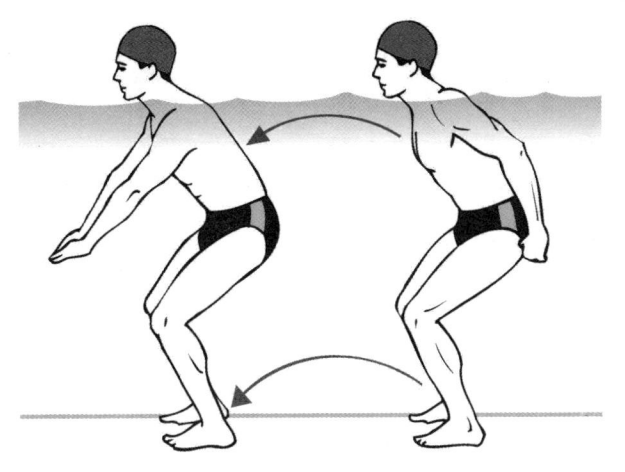

*Pulo para a frente, pulo para trás.*

Além desses movimentos essenciais, há o esqui *cross-country*. O esqui *cross-country* pode ser combinado com um grupo de outros movimentos, como parte de uma rotina aeróbica. Além disso, você pode fazê-lo continuamente para que ele seja, por si mesmo, um exercício aeróbico. Pode ser realizado tanto em água profunda quanto em água rasa. Em água rasa, use luvas com cordão de elástico resistente nos pulsos e tornozelos para simular esse movimento, que é alcançado alternando as pernas e as mãos, da frente para trás, empurrando na parte rasa e movimentando a superfície da água com os braços. Como se sabe, o esqui *cross-country* trabalha todos os grandes grupos de músculos do corpo. É especialmente bom para trabalhar a região lombar, as coxas, os braços e as nádegas.

Todos esses exercícios podem ser intensificados se forem utilizados alguns dos equipamentos já descritos. Isso aumenta o fator resistência da água, torna o exercício mais difícil e melhora o fortalecimento dos músculos e a queima de gordura. Além disso, admita: todos nós gostamos de brinquedinhos de piscina.

Esses movimentos também podem ser feitos em água profunda, embora se tornem um pouquinho mais exigentes. Dois outros movimentos que podem ser feitos *somente* em água profunda são o chute vertical e a tesoura.

O **chute vertical** é um chute de agitação no plano vertical. Use nadadeiras para maior resistência.

*Chute vertical.*

O **chute de tesoura** usa um tipo de movimento como tesoura para trabalhar os músculos da perna e é melhorado com a adição de polainas nos tornozelos.

*Chute vertical de tesoura.*

### Parte superior do corpo (tronco)

Há três movimentos para o tronco. Todos eles podem se tornar mais difíceis pelo uso de um equipamento de aumento de resistência. Nas ilustrações seguintes, apresentamos os Hydro Paddles $H_3O$ (remos para água)

**1. Flutuação de peito com braços estendidos:** você precisa estar com a água até o pescoço ou na parte funda com um equipamento de flutuação. Comece com os braços estendidos para a frente, palmas voltadas uma para a outra. Movimente os dois braços para o lado, quanto mais para trás possível. Depois retorne os braços para a posição inicial. Esse movimento trabalha os músculos do peito (movimento para a frente) e os das costas (movimentos para fora e para trás).

*Braços para o lado, estendidos.*

    **2. Elevação lateral:** novamente, você precisa estar com a água até o pescoço. Com os braços ao lado do corpo, movimente-os para cima e para os lados (lateralmente) e depois traga-os para baixo. Esse movimento trabalha ombros e braços. Outra maneira de trabalhar os músculos do ombro é fazer um movimento de remar com o haltere (mas que seja do tipo de espuma, para piscina!). Com as mãos colocadas na frente do corpo, a cerca de 70 centímetros de distância, mergulhe as pontas do haltere alternadamente na água.

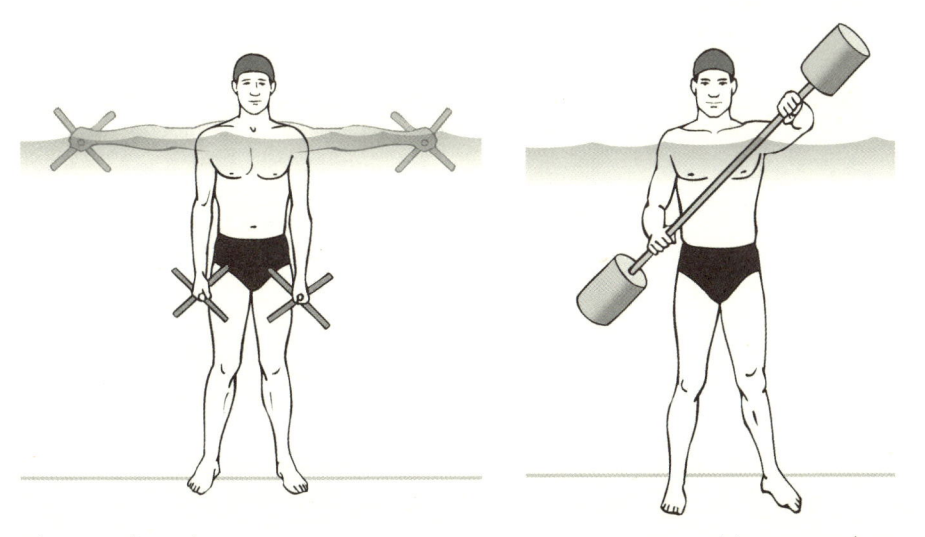

*Elevação lateral.*  *Movimento de remar.*

**3. Giro do bíceps/extensão do tríceps:** novamente, você precisa estar com a água até o pescoço. Comece com os braços ao lado do corpo. Dobre o cotovelo e traga os braços para cima, depois abaixe-os para o lado. Ao levantar os braços, você está usando os bíceps; quando os movimenta para baixo, está usando os tríceps.

*Braços ao lado do corpo, cotovelo dobrado.*

### Abdominais e parte inferior das costas

Utilizando a parede, uma escada ou a Escada de Treino na Água, você pode fazer muitos outros exercícios. Eis dois dos mais utilizados para os músculos abdominais e das costas:

**Abdominais:** com as costas na parede, levante os joelhos até o peito, contraindo os abdominais. Para trabalhar os oblíquos (os lados do abdômen), levante os joelhos até os ombros, alternando os ombros direito e esquerdo.

**Chutes:** chute as pernas na mesma posição descrita no movimento abdominal. Você pode fazer um chute do tipo agitado ou um chute do tipo "sapinho".

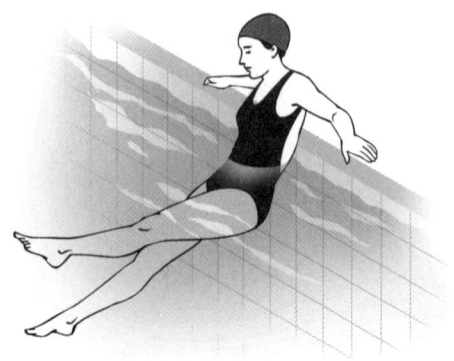

*Chutando com apoio na parede da piscina.*

## Pulso, mão, tornozelo e pé

O pulso, a mão, o tornozelo e o pé são estruturas complexas que contêm um grande número de ossos e juntas e, portanto, são áreas comuns de lesão. Há muitos pequenos movimentos para ajudar a recuperar a mobilidade nessas áreas depois de uma lesão. Esses movimentos são de baixa intensidade e úteis como parte do aquecimento e do desaquecimento.

**Pulso e mão:** mergulhe a mão e o pulso. Trabalhe o pulso flexionando, estendendo e movimentando as mãos de um lado para outro. Em seguida trabalhe os dedos, um por um, flexionando-os e estendendo-os de maneira individual. Use a outra mão para auxiliar.

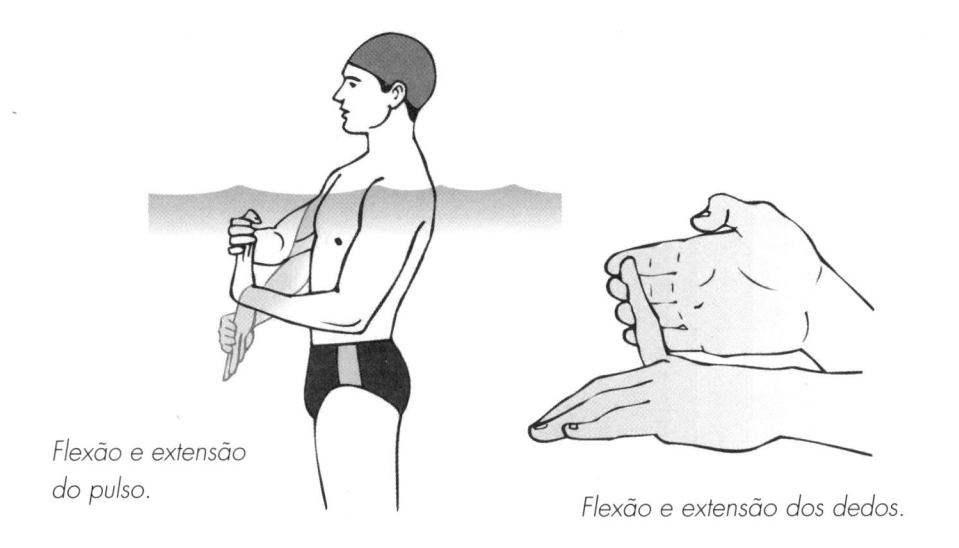

*Flexão e extensão do pulso.*

*Flexão e extensão dos dedos.*

**Tornozelo e pé:** sente-se na beira da piscina ou em um degrau. Trabalhe o tornozelo primeiro, flexionando, apontando, invertendo e revirando o pé. Depois trabalhe os dedos, flexionando e esticando cada um com a mão.

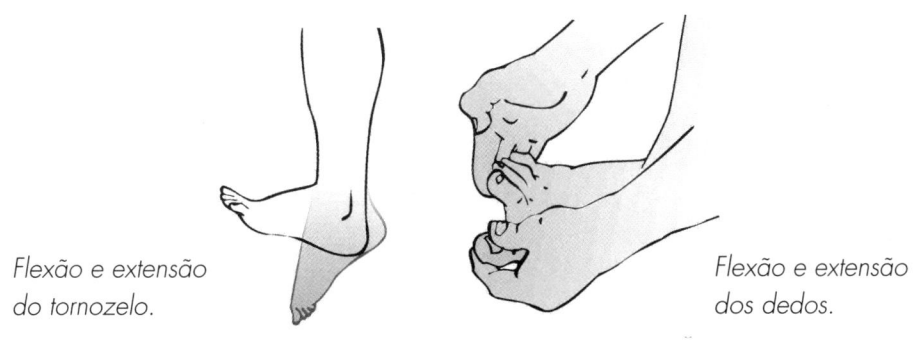

*Flexão e extensão do tornozelo.*

*Flexão e extensão dos dedos.*

## EXERCÍCIOS: REABILITAÇÃO, CONDICIONAMENTO E APRIMORAMENTO DE DESEMPENHO

### Reabilitação

A aeróbica na água é muito popular na reabilitação. Ela é providencial para músculos, tendões, ligamentos e juntas lesionados e doloridos. Essa é uma área em que você precisa trabalhar junto com seu médico e/ou terapeuta (veja o Apêndice II). Pergunte a esses especialistas quais movimentos deste capítulo são os mais recomendados e que outros eles sugerem para seu caso. Certifique-se de perguntar se existem exercícios e movimentos que *não* devem ser feitos. Com esse conhecimento, você pode incorporar exercícios específicos numa aula ou estabelecer sua própria rotina.

### Condicionamento

A aeróbica na água para condicionamento em geral tem uma dupla vantagem: você consegue um treino corporal total e um treino de recuperação ao mesmo tempo. Ela é uma das únicas atividades que, além de trabalhar seus músculos para força e tonificação do coração, também ajuda na recuperação de um treinamento em terra que pode estar levando a uma lesão. A lesão é uma das razões mais comuns por que as pessoas desistem de seu programa de condicionamento; portanto, a aeróbica na água é o melhor complemento para os treinos em terra e uma rotina em si mesma. Com o conhecimento fornecido neste capítulo, cabe a você definir a porcentagem de treinamento na água e em terra que lhe parecer melhor.

### Aumento de Desempenho

Para o atleta profissional de competição, e até mesmo para o praticante sério de fim de semana, a aeróbica na água pode ser usada de três maneiras: como um treino divertido que ajuda na recuperação de um treinamento pesado, como melhoria esportiva e como treino de habilidades ou reabilitação.

Para um treino divertido, você pode participar de uma aula grupal (todos nós já vimos vídeos de times de futebol profissional tendo aulas de aeróbica para flexibilidade, coordenação e condicionamento) ou simplesmente praticar sozinho, com ou sem um acompanhamento musical.

O atleta de competição precisa trabalhar habilidades específicas junto a um treinador para ver quais movimentos podem ser executados na água para aumentar força, flexibilidade e tempo. Para um treino de reabilitação, você precisa se concentrar na área lesionada e nos movimentos que ajudam a melhorar a amplitude de movimento, a força e a resistência.

**RESUMO**

A aeróbica na água é uma nova e estimulante maneira de se exercitar que propicia múltiplos benefícios. Assim como a corrida em água profunda é a contraparte da corrida em terra, a aeróbica na água é a contraparte da aeróbica em terra. Você pode aumentar a intensidade dos exercícios ao aumentar a velocidade de alguns movimentos e também ao usar um equipamento adicional para a resistência que experimenta. Deixe que o poder da água trabalhe para você, acrescentando uma rotina de aeróbica na água ao seu programa regular de condicionamento.

# 4. Corrida e caminhada em água e caminhada em água profunda

*Um pioneiro, conhecido por sua velocidade na corrida, perguntou a um chefe indígena Navajo: "Quem é o mais veloz em sua tribo?" Ao que o chefe respondeu: "Correndo-em-Água-Profunda".*

## INTRODUÇÃO

Como muitos outros, eu pensava que a corrida em água profunda fosse indicada apenas para os atletas lesionados. Muitas vezes, enquanto estava na piscina treinando com o time de natação da faculdade, via participantes dos times de futebol, basquete e corrida caminhando na parte rasa ou vestindo um colete ou cinto de flutuação e se aventurando na parte funda para correr ou caminhar. Foi somente há dez anos, quando tive uma fratura de estresse na tíbia, que conheci o poder da corrida em água profunda, não apenas para a prevenção e recuperação de uma lesão, mas também para aprimorar meu desempenho.

Embora este capítulo esteja focado em corrida em água profunda, a caminhada em água profunda é, essencialmente, uma versão mais lenta da corrida e também um exercício maravilhoso. Tenho visto muitas pessoas que não podem correr em terra, mas que são capazes na água. Então, comece a caminhar e veja a rapidez com que você começará a pegar o ritmo.

*FATO:* eu andava atormentado por um gesso na canela havia mais de um ano. Nada parecia resolver. Cortei a corrida, fiz todas as terapias possíveis indicadas pelos fisioterapeutas, inclusive estimulação elétrica, massagem e gelo. Tentei o descanso total. Tentei corrida mais leve, mais rápida, mais longa, mais curta e em superfícies diferentes. Foi somente quando mesclei o método de alongamento e fortalecimento de Aaron Mattes (veja o Capítulo 8) com a corrida em água profunda que resolvi o problema. Minha recuperação permitiu que eu competisse em 1993 no Ironman do Havaí, inclusive correndo a maratona de 42 quilômetros no final! Estou convencido de que, sem a corrida em água profunda, o alongamento e o fortalecimento, eu não estaria naquela corrida.

Algumas vantagens da corrida em água profunda são: a habilidade de treinar durante períodos de intenso calor; a habilidade de fazer exercícios extras de corrida sem ter uma lesão; a habilidade de começar um programa de corrida ou condicionamento, mesmo que esteja acima do peso ou com alguma lesão; e a habilidade de aprimorar o desempenho. A maior vantagem é que você não precisa lidar com a gravidade, portanto é menos estressante para as juntas. Caminhar e correr na água geralmente são encarados com ceticismo pelos atletas, como se fossem ferramentas inferiores de exercício. No entanto, os movimentos das juntas debaixo da água aumentam entre 100% e 230%, se compararmos com caminhada e corrida em terra, conforme atestam estudos clínicos.

Nosso conhecimento atual sobre a fisiologia da hidroginástica afirma que há um decréscimo de 10% a 15% no batimento cardíaco e na pressão arterial durante um exercício de corrida na água. Isso é extremamente útil para as pessoas hipertensas e portadoras de doenças do coração, além de crianças, idosos e mulheres grávidas.

Para os interessados em aprimorar o desempenho na corrida, uma vantagem a mais da corrida em água profunda é o aperfeiçoamento da carga gama e do fortalecimento gama. Isso significa que o treinamento físico e a reabilitação são conduzidos com mais eficiência e rapidez, e o fortalecimento ocorre por meio de maiores movimentos das juntas na água.

É preciso perceber que o trabalho na água necessita pelo menos de uma quantidade mínima de exercício suplementar em terra seca. Caminhar em terra e treinar com pesos são bons exemplos dos tipos de exercício para suplementar a corrida em água profunda. A utilização de meios e disciplinas para um programa de exercícios está no centro do treinamento cruzado. O treinamento cruzado já provou ser muito benéfico para os atletas e entusiastas da boa forma. Sou a favor de um equilíbrio entre treinamento em terra e na água.

## O EQUIPAMENTO

O equipamento para essa atividade é opcional (bem, isso não é totalmente verdadadeiro – a maioria das piscinas requer um traje de banho!). Quase todos os corredores em água profunda usam algum tipo de artifício para ajudar a flutuação; a maioria desses apoios foi criada especificamente para corrida em água profunda. Os apoios de flutuação são úteis porque "seguram" você na água e mantêm seu rosto e sua boca na superfície, para que você possa respirar normalmente.

É possível correr sem um dispositivo de flutuação, mas, muitas vezes, uma boa parte dos passos da corrida se torna uma braçada e você pode se ver remando a fim de manter a cabeça acima da água. Sem a flutuação, você não será capaz de fazer uma corrida fácil de recuperação, uma vez que se exige uma alta intensidade para manter a posição corporal. (Todo esse equipamento está ilustrado e descrito no Capítulo 3; para obter qualquer um desses produtos, veja o Apêndice III.)

**Coletes:** parecem coletes salva-vidas, mas não são. Os coletes salva-vidas forçam a pessoa a flutuar de costas, o que permite que a cabeça dela fique fora da água. O colete de corrida, por outro lado, é feito para fazer flutuar em uma posição neutra, a fim de permitir o passo de corrida. Em um primeiro momento, o colete pode parecer desajeitado, mas em pouco tempo você nem vai perceber que o está usando. Ele é útil para quem não se sente confortável em um ambiente aquático, apesar da queixa comum de que as tiras entre as pernas causam certo desconforto.

**Cintos:** eles desempenham quase que a mesma função dos coletes. No entanto, falham em estabilizar completamente o corpo e tendem a subir quando você se exercita. Os cintos forçam uma posição flexionada desagradável, enquanto os coletes e os shorts de flutuação mantêm a pessoa na posição correta. Os cintos, no entanto, são uma opção menos cara.

**Shorts:** depois de usar vários cintos, coletes e shorts, acho que os shorts de flutuação são os que funcionam melhor. Eles ajudam a manter a boa forma e permitem uma corrida suave.

**Sapatilhas:** as sapatilhas de exercício na água protegem os pés e previnem um possível escorregamento no fundo da piscina durante a caminhada e a corrida na parte rasa. As sapatilhas para água mais modernas que usei são as sapatilhas do fisioterapeuta Kipp Dye, Sapatilhas de Treino na Água. Elas apresentam anéis embutidos que permitem amarrar uma corda para criar um exercício de corrida muito intenso.

**Extensores:** os criadores de equipamentos para treino na água pensam não apenas em melhorar o exercício, mas também consideram os aspectos sociais da corrida. Com o uso de extensores fixos ou de elástico resistente, correr na água pode ser uma atividade mais social do que em terra.

Há duas categorias de sistemas extensores: a primeira é um simples extensor que se liga ao dispositivo de flutuação e apenas mantém você no lugar. Esse extensor é muito útil em piscinas pequenas, permitindo apenas dois ou três passos antes de ter de parar e voltar; mesmo em piscinas maiores, um extensor evita que você possa interferir com outros nadadores e corredores. Muitas piscinas de hotéis e particulares, que de outra maneira ficariam sem uso, podem se valer de um sistema de extensores. Se o orçamento é importante, então pense em fazer você mesmo esse sistema, prendendo-se a uma corda ou algo similar. Esse mesmo sistema pode ser usado em piscinas pequenas.

Os extensores de elástico resistente são cordas ligadas aos shorts, luvas ou sapatilhas, e permitem que você aumente sua resistência. Ao aumentar a velocidade e a distância do passo na água, você aumenta a resistência e, desse modo, a intensidade de seu treino. Muitos treinadores de corrida de faculdades usam essa técnica para fazer todo o time correr na água lado a lado. O corredor mais veloz do time sempre sairá na frente.

**Luvas resistentes:** para a maioria dos corredores, a água fornece resistência mais que suficiente. *Quer mais?* Simplesmente aumente a velocidade do movimento e a resistência aumentará ao mesmo tempo que a velocidade do membro aumenta. *Quer mais resistência ainda?* Então, tente as luvas resistentes. Um recente estudo científico mostrou que o dispêndio de energia durante um exercício de corrida pode ser aumentado em até cinco vezes com o uso de luvas resistentes. *Quer a maior resistência possível?* Estudos mostram que o uso de cordas de elástico resistente nas luvas (ou sapatilhas) – em oposição a um extensor fixo – oferece o exercício de corrida na água *mais* intenso que pode existir.

**Nadadeiras:** as nadadeiras fazem as pernas trabalhar mais eficazmente e ajudam a flexibilidade do tornozelo. Gosto mais das nadadeiras Zoomer, porque são pequenas e funcionam melhor para natação, corrida em água profunda e aeróbica aquática.

**Monitor de batimento cardíaco:** um monitor de batimento cardíaco é essencial para a corrida em água profunda, uma vez que é fácil não saber o nível da sessão de treinamento. O monitor elimina a suposição e permite quantificar a sessão de treinamento. (Veja o Capítulo 8 sobre monitoração de batimento cardíaco.)

**Rádio e *player* à prova d'água:** acrescentam variedade e muitas vezes ritmo ao programa individualizado de corrida.

*FATO:* David Brennan, do Centro Internacional de Corrida de Houston, desenvolveu um programa de corrida baseado em ritmo e cadência. Ele coloca a cadência de um metrônomo nos fones de ouvido dos corredores em treinamento, de modo que eles possam alcançar a velocidade desejada. Seu sócio, dr. Robert Wilder, da Universidade Baylor, percebeu uma correlação entre a cadência de corrida na água e o batimento cardíaco.

## A TÉCNICA

A técnica para corrida em água profunda, embora simples, é facilmente desempenhada de modo incorreto, diminuindo, assim, muito de sua eficácia.

### O BÁSICO

Primeiro, lembre-se de que você está simulando correr em terra, mas dentro da água. Muitos de meus alunos freqüentemente têm problemas em conseguir um passo fluido na primeira ou segunda semana de treino. Tenha paciência: todo mundo acha esquisito e depois de duas ou três sessões você se sentirá mais à vontade.

*Posição correta de correr na água.*

### Posição corporal

Seu corpo deve se alinhar sem qualquer dobra na cintura. Você deve se inclinar levemente para a frente apenas uns poucos graus; novamente, nada de dobrar a cintura – é uma inclinação do corpo todo. A posição do corpo é a mesma da de corrida em terra.

### Movimento

A boa forma de correr é com braços e pernas em oposição – as pernas se alinham abaixo do lado respectivo do quadril e os braços ficam baixos e perto do corpo. Posicione suas mãos de modo que as palmas fiquem voltadas uma para a outra, cortando a água. A correta oposição é a perna direita para a frente e o braço esquerdo para a frente, depois a perna esquerda para a frente e o braço direito para a frente. Enquanto cada perna e cada braço se dirigem para a frente contra a resistência da água, o membro oposto se dirige para trás. Há uma tendência natural de dar pequenos passos, por causa da resistência extra da água. Certifique-se de esticar completamente o passo. Não se esqueça de movimentar os braços. Dirija o braço para trás e sinta a resistência contra os tríceps. Nada de remar como cachorrinho, isso é uma corrida!

Mantenha o corpo alinhado, simétrico e estável durante esse movimento alternante. A respiração deve ser calma e profunda, concentrando-se na expiração (veja o Capítulo 8). Para manter uma boa posição do corpo, relaxe os pescoço e os ombros e contraia o abdômen e as costas. Mantenha a posição mesmo se estiver cansado.

*FATO:* um estudo da Universidade da Geórgia mostrou que uma caminhada de 650 metros na água era mais intensa do que caminhar 1600 metros em terra. Caminhar na água pode ser um exercício muito intenso e é praticado por milhares de idosos americanos todo dia.

Depois de muitas horas de corrida na água com atletas em treinamento, descobri alguns erros muito comuns:

1. Dobrar a cintura e inclinar-se para a frente.
2. Fazer o "passo do robô" em vez do padrão normal de oposição. Um robô usa ambos os membros de um lado ao mesmo tempo. Muitas pessoas (inclusive eu) fazem isso quando começam a correr na água. Se você se sentir realmente esquisito e não tiver certeza do por quê, veja se não está nessa situação.

3. Nadar como cachorrinho, em vez de executar o movimento normal (com os braços para baixo e cortando através da água).
4. Manter os braços para fora de lado, em vez de cotovelos para dentro.
5. Levantar demais os braços.
6. Não usar os músculos durante toda a amplitude do movimento. É muito fácil ser preguiçoso e dar pequenos passos sem usar completamente os quadríceps (os músculos de trás da coxa).
7. Inclinar-se para trás com as pernas na frente, quase como se estivesse pedalando uma dessas bicicletas inclinadas de academia.
8. Ter um estresse indevido na região do pescoço e dos ombros, causado por água fria ou por nadar como cachorrinho (movimentos com os braços e pernas, sem obedecer a um estilo).
9. Não utilizar a junta do tornozelo para flexionar e apontar o pé.
10. Respirar superficialmente – sem inalar longa e controladamente.
11. Fazer movimento de pedalar bicicleta, em vez de passo de corrida.

## EXERCÍCIOS: REABILITAÇÃO, CONDICIONAMENTO E APRIMORAMENTO DE DESEMPENHO

Agora que você já domina a técnica (lembre-se de que atingir a proficiência leva uma ou duas semanas; portanto, tenha paciência), vamos ver como treinar sua nova habilidade.

Um dos aspectos realmente importantes da corrida em água profunda é que você pode simular qualquer exercício que puder fazer correndo em terra. Tudo, desde uma caminhada fácil até intervalos, pode ser simulado na piscina. Talvez o deque da piscina não seja tão interessante quanto o cenário de uma estrada (bem, depende de quem está no deque!), mas sem dúvida você se sentirá mais refrescado depois de uma corrida na água do que se sentiria com uma corrida em terra. Você não precisa treinar apenas na piscina; uma área de águas abertas (uma praia calma de mar, de um lago ou baía) pode funcionar muito bem e permite que você esteja em um ambiente mais agradável. Se o tédio for um problema, tente usar um rádio ou *player* à prova d'água para uma distraçãozinha saudável.

Pesquisas recentes na área apresentam várias opções de corrida. Corra de modos diferentes! A corrida mais popular entre os praticantes é a livre, seguida pela do uso de extensores. Também é possível correr parado, utilizando um conjunto de barras aquáticas ou a escada da piscina. Em minha opinião, todas essas opções são melhores do que uma esteira.

Vamos ver agora os diferentes tipos de exercícios para reabilitação, condicionamento e aprimoramento de desempenho atlético.

### Reabilitação

Sabemos que os corredores sofrem uma taxa de lesão de até 20% a cada ano. Esses atletas sujeitos a lesão têm utilizado a piscina com mais freqüência para fazer corrida em água profunda.

*FATO:* o recordista norte-americano Steve Scott, a maratonista olímpica Joan Benoit-Samuelson e o maratonista olímpico Ed Eyestone têm passado tanto tempo correndo na água – e o fazem com tanto prazer – que podemos vê-los em campanhas publicitárias de vários produtos para corrida na água.

Não existe melhor maneira de reabilitar uma lesão de corrida do que continuar correndo – mas apenas na água. Lembre-se de que correr em terra gera uma força de cerca de três a quatro vezes no peso corporal. E isso em cada passo dado. Em água profunda não há impacto, o que acaba auxiliando na recuperação dessas lesões.

Sugiro que você sempre consulte seu médico antes de participar de qualquer tipo de exercício aeróbico e, especialmente, antes de começar um programa de reabilitação. Sempre é importante fazer um diagnóstico preciso antes de começar a terapia. Se você tiver sido adequadamente avaliado e diagnosticado e está sofrendo de lesões nas extremidades inferiores das costas, vai se beneficiar de um programa de corrida em água profunda, pois ela é indicada para qualquer estresse de fratura e pode até ser realizada com uma cobertura de gesso, no caso de fraturas agudas. A corrida na água é especialmente útil para atletas com tíbia engessada, com vários tipos de tendinite no pé, tornozelo e joelho, artrite, neuroma de Morton e distensão muscular. A aquaterapia também está surgindo como um importante tratamento para a coluna. Foi provado que é particularmente eficaz, tanto no pré quanto no pós-operatório. Treinar na água permite que você continue bem até a cirurgia, mesmo que não possa se exercitar em terra. Depois da cirurgia, a reabilitação pode começar mais cedo, devido às propriedades curativas e de apoio da água. Muitas vezes, o convênio médico cobre os custos iniciais de uma fisioterapia..

Por que a corrida na água é recomendável quando se têm esses problemas? Por exemplo, no caso de tíbia imobilizada, o primeiro problema é o de músculos tensos na panturrilha. Com a corrida em água profunda, não somente se tira o estresse dos músculos, mas também se pode aumentar a flexibilidade e ajudar a estimular a cura da área envolvida. É muito importante começar o tratamento imediatamente se você estiver com a tíbia imobilizada, uma vez que uma imobilização incorreta pode levar a fraturas de estresse. Acredite em quem já passou por isso. A reabilitação de fraturas de estresse leva no mínimo três meses, enquanto que a reabilitação de uma tíbia imobilizada pode ser, muitas vezes, de apenas três a seis semanas. A corrida em água profunda permite que você tenha todos os benefícios de correr, sem os riscos de lesão.

O aumento do risco de lesão, quando você corre em terra, está diretamente ligado à quantidade de quilômetros que faz a cada semana. A maioria dessas lesões se resume a um pouco de dor e tendinite, mas algumas podem ser bem sérias. No caso de corrida em terra, há um aumento nas lesões de corredores que fazem isso há vários anos e por muitos quilômetros.

Muitos corredores tiram grandes benefícios ao substituir a corrida na água pela corrida em terra, treinando de duas a três vezes por semana. Menciono isso apenas para enfatizar que o trabalho na água precisa de pelo menos uma mínima quantidade de exercício suplementar em terra. Caminhada em terra e treino com pesos são bons exemplos dos tipos de exercício para complementar a corrida em água profunda.

Há uma grande diferença entre dor e desconforto no contexto de lesões e reabilitação. Qualquer sensação irresistível que aperte seu corpo e faz você querer gritar é dor. Continuar a fazer um movimento que cause dor apenas vai provocar mais dor. O certo é parar o movimento imediatamente. Desconforto, por outro lado, pode ser um estado pelo qual é necessário passar a fim de atingir a recuperação total. Na maioria das lesões há rigidez e desconforto quando você começa a usar aquela parte do corpo que não tem se movimentado há algum tempo. Essa habilidade do corpo em resistir aos movimentos assegura o descanso de que você vai precisar para deixar aquela região se curar. Em geral, o desconforto surge quando você já está quase recuperado, e isso é sinal de que a lesão está se curando bem. Fazer um exercício leve com um pouco de desconforto pode ser o melhor remédio. Se tiver dúvidas, consulte seu profissional de saúde. Não force a dor. A filosofia do "sem dor, sem lucro" pode colocá-lo em uma situação reversa. Seja paciente. O corpo possui uma extraordinária capacidade de se curar: você pode ajudar se ouvir os sinais que ele lhe manda.

Primeiro as coisas mais importantes: você consegue caminhar em água profunda com um colete ou cinto e não sentir dor? Se a resposta for positiva, passe para o próximo parágrafo; se for negativa, continue este parágrafo. Você precisa começar com movimentos simples e breves na água, para ajudar a promover o fluxo sangüíneo e permitir que as pernas atinjam uma amplitude natural de movimento (que é muito maior na água do que em terra). Você pode começar com algo simples como:

- mover a perna delicadamente para trás e para a frente dentro da água;
- girar o tornozelo delicadamente; e
- flexionar e esticar o joelho ou quadril moderadamente.

Esses movimentos terão muitos efeitos terapêuticos, entre os quais:

- fornecer sangue fresco para a área lesionada;
- revigorar nervos e músculos dormentes;
- massagear a área lesionada, graças ao movimento da água;
- aumentar a flexibilidade;
- aumentar a amplitude de movimento; e
- aumentar o retorno do sangue venoso de braços e pernas inchados.

Tente caminhar em água profunda alternando os dias, para ver se pode fazer isso sem sentir dor. Quando for possível, caminhe num passo leve por 5 a 45 minutos, dependendo de seu nível de conforto. Então, tente correr na água alternando novamente os dias.

Você consegue correr na água sem sentir dor? Se tiver uma dorzinha, você precisa continuar a caminhar e lentamente aumentar o ritmo até que seja possível correr. Se não sentir nenhuma dor, comece com um ritmo aeróbico leve (veja o Capítulo 8 sobre "Monitoração do batimento cardíaco"), concentre-se na boa forma e estipule um tempo com o qual se sinta confortável. Se sua lesão o manteve inativo por um longo período de tempo, comece com cinco a dez minutos. Treine freqüentemente (todo dia está ótimo nessa atividade) e acrescente um minuto ou dois a cada sessão até atingir meia hora. Quando conseguir atingir essa meta, estará apto a começar a fazer alguns exercícios mais intensivos. Veja os exercícios nas seções "Corrida na água para condicionamento" ou "Aprimoramento de desempenho" neste capítulo.

Consulte seu médico ou terapeuta à medida que for progredindo e misture o treinamento em terra com o treinamento na água. Recomendo o treinamento na água mesmo depois que a lesão estiver completamente curada, pois isso pode ser uma das melhores maneiras de se manter saudável e evitar lesões por excesso de treinamento. Além de reabilitar a lesão, você consegue o benefício adicional de trabalhar no condicionamento aeróbico.

O que fazer se uma lesão o impede de correr ou mesmo ficar em pé, em terra? Muitos especialistas no campo da reabilitação na água recomendam seguir um programa progressivo de atividade com pesos na água.

*FATO:* os especialistas em reabilitação Igor Brudenko e Kipp Dye, de Boston, recomendam que você comece primeiro em água bem funda, com movimentos leves e controlados, e que não causem dor. Em seguida, faça os movimentos em água rasa; depois, da água rasa para condições controladas em terra. Por fim, aumente as atividades em terra, complementadas pelos exercícios na água.

### Corrida na água para condicionamento

A analogia que pode ser feita aqui é que a corrida em água profunda para condicionamento em geral é como caminhar. As pessoas que correm para condicionamento, e não para competição, geralmente usam o termo *jogging*, que é, basicamente, uma corrida de baixa intensidade. Há muitas razões pelas quais se pode correr para condicionamento:

- perder ou manter o peso;
- melhorar a resistência cardiovascular;
- remover as toxinas do organismo;
- melhorar a circulação; e
- melhorar a energia para clareza mental e humor elevado.

Essas são as mesmas razões citadas pela maioria das pessoas para qualquer programa de condicionamento, sem levar em consideração a disciplina particular ou as disciplinas (treinamento cruzado) de escolha.

A maior parte das pessoas começa um programa de exercícios pelas duas primeiras razões: peso (perda e manutenção) e saúde cardíaca. Por essas e por todos os benefícios do exercício, a intensidade e a duração precisam ser medidas com precisão. Não basta simplesmente dizer: "Bem, fiz uns 20 minutos, num bom pique". Como treinador, até posso aceitar os 20 minutos, mas num bom pique? O que isso quer dizer?

A intensidade no treinamento aeróbico pode ser medida com precisão por meio do batimento cardíaco. Eis por que é importante medir o batimento cardíaco, seja tomando o pulso ou, de preferência, usando um monitor de batimento cardíaco. (Veja o Capítulo 8 sobre "Monitoração de batimento cardíaco" para as especificidades a respeito dos níveis de intensidade.)

Gosto de ver um atleta em cada pessoa com quem trabalho. Desse modo, os exercícios para um atleta de competição e para um entusiasta de condicionamento não são muito diferentes. O que os diferencia é o volume de trabalho que se faz. Por exemplo, um corredor de competição de dez mil metros passa 12 horas por semana correndo, enquanto um corredor de condicionamento passa de uma a três horas por semana. Este último também se concentra em um trabalho de intensidade constante, com um pouco de treinamento aeróbico ou mesmo nenhum.

Uma vez estabelecida a melhor taxa de batimento cardíaco, o passo seguinte é fazer um aquecimento durante 5-10 minutos antes de entrar na "zona" por um período de 20 minutos a uma hora, e desaquecer por 5 a 10 minutos. Essa rotina deve ser feita de três a cinco vezes por semana. Para ficar mais interessante, você pode alternar entre passos longos e curtos e mover a intensidade desde a parte mais baixa de sua zona até a mais alta.

### APRIMORAMENTO DE DESEMPENHO

Este tópico é para o atleta de competição, seja você um corredor, um triatleta ou apenas um viciado em treinamento. Vou apresentar aqui os diferentes tipos de exercícios para ajudar a elevar sua boa forma em velocidade e resistência. Para o atleta de competição, e na verdade para todos, a corrida em água profunda precisa ser integrada com a corrida em terra.

O maior lucro para o corredor de competição é a habilidade de treinar mais (em tempo e em intensidade) com um menor risco de lesão. Como já mencionei antes, um dos maiores benefícios da corrida em água profunda é poder simular quase todos os exercícios que são feitos em terra. "Repetições de montanha" é um exercício difícil de simular com precisão; ainda que elas possam ser feitas, há de considerar que essas repetições são uma forma de treinamento de intervalo. Primeiro, vamos ver os diferentes tipos de exercício e depois como poderemos colocá-los juntos para fazer um programa de treinamento.

**Longa distância fácil:** muitos treinadores se referem a esse exercício como distância lenta, embora eu ache que o termo "lento" não seja correto. O segredo é *esforço*, e isso deveria ser fácil. Psicologicamente, não tem sentido pensar em qualquer coisa que você faça lentamente. Muitos corredores de competição estão percebendo que praticar a corrida longa na água faz diferença. Em vez da percepção de "perna dormente" depois de uma longa corrida em terra, você acaba se sentindo revigorado depois de correr na água. Além disso, a corrida pode ser mais longa, se você desejar.

*FATO:* o maior triatleta profissional (campeão de Ironman do Canadá em 1995), Michael McCormack, corre três horas na água em sua corrida semanal. Se ele corresse durante esse tempo em terra, jamais chegaria à linha de partida.

**Objetivo:** a principal meta aqui é ter um ritmo aeróbico leve por um longo período de tempo. Isso atinge três coisas: em primeiro lugar, você treina seu sistema de queimar gorduras – o combustível escolhido para atletas de resistência devido à sua disponibilidade quase ilimitada; segundo, você cria resistência; terceiro, cria a confiança de que é capaz de percorrer a distância.

**Como fazer:** é imprescindível que você monitore seu batimento cardíaco e tente correr pelo menos o tempo de duração de sua corrida. Se você é um corredor de 5 mil ou de 10 mil metros, corra em um tempo maior. Para um maratonista, corra tanto quanto correrá na corrida. Mantenha a técnica sempre presente; é fácil cair em maus hábitos e perder um pouco da eficácia do treino, especialmente neste relacionado a distância. Varie a intensidade dentro de sua amplitude aeróbica (veja o Capítulo 8) e, de vez em quando, mude o comprimento e a freqüência do passo. Diferentemente de correr em terra, onde você precisa estar ciente de que correr demais pode lesioná-lo, na água você pode se exercitar mais, temendo apenas perder a esposa, os filhos e/ou amigos quando fica na piscina durante quatro horas todo domingo.

**Freqüência:** uma vez por semana.

**Recuperação:** essa corrida deve ser uma sessão fácil de aeróbica. Isso permitirá que seu corpo fique mais forte com as sessões mais intensas, seja em terra ou na água. Devido à ação terapêutica da água, a corrida de recuperação em água profunda pode ser na verdade mais intensa do que em terra. Percebi que os músculos se recuperam muito melhor com um pequeno aumento de intensidade. É realmente possível forçar mais na piscina quase todo dia (algo que você nem sonharia em terra). Este é o poder da água.

*FATO:* muitos corredores de elite bem-sucedidos usam a água estritamente para recuperação ou para fazer uma segunda corrida do dia. Mike Powell, medalha de ouro olímpica e recordista mundial de salto a distância, faz corridas de recuperação na água diariamente.

**Objetivo:** continuar a trabalhar a recuperação de resistência e ainda assim permitir que o corpo restabeleça músculos cansados e doloridos. As corridas de recuperação também permitem que a mente descanse da intensidade de sessões de treinamento.

**Como fazer:** há muitas maneiras de fazer essa corrida. O segredo é manter a intensidade no nível baixo da amplitude aeróbica (veja o Capítulo 8), ou mesmo ligeiramente abaixo da amplitude. Alterne passos longos e fáceis com passos curtos e mais rápidos. A duração pode ser curta ou longa, como você quiser.

**Freqüência:** o ideal é o dia após um grande esforço (ou até o mesmo dia, logo depois do esforço puxado). Duas ou três vezes por semana.

**Treinamento com intervalo:** esta é a pedra angular de qualquer programa de treinamento de um corredor sério. O treinamento com intervalo é a parte mais intensiva de seu treinamento. Essa forma de treinamento desenvolve velocidade e força e cria resistência. Um paradoxo da corrida é que você precisa de um bom intervalo de treinamento para melhorar; no entanto, o intervalo de treinamento aumenta o risco de lesões. As exigências do intervalo de treinamento sobre o corpo são grandes e por isso muitas lesões de corrida estão relacionadas aos intervalos.

Quase todos os treinadores exigem pelo menos um dia de descanso entre as sessões de intervalo; alguns treinadores recomendam apenas um treino de intervalo (às vezes chamado de treino de velocidade) por semana. Quer saber qual é a maior diferença entre nadar e correr? Na natação você pode fazer intervalos a cada treino, até mesmo duas vezes por dia. A maioria dos programas de natação competitiva obriga seus nadadores a fazer intervalos fáceis de manhã e intervalos puxados à noite. Como isso é possível? É por causa da ausência do impacto causado pela corrida em terra e dos poderes terapêuticos de recuperação da água que circunda o músculo. Não digo que você deva fazer todos os intervalos de corrida na piscina, mas complementar os intervalos em terra com intervalos na água.

Os intervalos na água não apenas permitem que você trabalhe mais do que em terra, como também o ajudam a se recuperar de um treino "de impacto" em terra. Os intervalos na água também permitem continuar a treinar mesmo se você estiver lesionado ou em reabilitação. Isso ajuda a manter alto o seu nível de boa forma enquanto está limitado à piscina. Tenho visto uma tendência em muitos corredores – exatamente quando o treinamento está sendo conduzido em direção a um recorde pessoal – de ganhar uma lesão e perder uma semana ou mais de treinamento e ter de recomeçar todo o planejamento. A corrida em água profunda pode quebrar esse ciclo e deixar que seu treinamento progrida constantemente.

**Objetivo:** a idéia por trás dos intervalos é ir mais rápido (com um batimento cardíaco também mais alto) do que você pode sustentar durante a corrida inteira e durante um curto período de tempo. Seu batimento cardíaco estará no topo da amplitude aeróbica e vai realmente mergulhar na amplitude aeróbica às vezes (veja o Capítulo 8). Isso causa uma sobrecarga nos músculos, fazendo-os alcançar um novo nível depois do descanso.

**Como fazer:** há várias maneiras de fazer os intervalos. Na forma mais simples, você pode fazer um minuto rápido e um minuto devagar. Se está acostumado com intervalos em terra, simplesmente escolha um tempo que possa representar a duração do intervalo que quer simular e então trabalhe intensamente durante esse tempo.

**Exemplo:** para mim, um bom treino de trilha começa com uma corrida leve de três mil metros (aproximadamente 16 minutos). Depois, 12 intervalos de 800 metros na trilha com a alternância de 800 metros de caminhada. Faço de 75 a 80 segundos com um batimento cardíaco de 165. Depois faço 1600 metros devagar (o que leva cerca de dois minutos), e então faço o próximo intervalo de 1600 metros. Depois do último intervalo, faço outros três mil metros moderadamente (novamente, cerca de 16 minutos). Na piscina, simplesmente começo com uma corrida leve por cerca de 16 minutos. Uso, então, o monitor de batimentos cardíacos para me assegurar de que o batimento chegue a 149 (devido à temperatura da água e ao aumento do retorno venoso, o batimento cardíaco baixa 10% na água). Mantenho o batimento a 149 durante 75 segundos. Repito isso 12 vezes e termino com um desaquecimento de 16 minutos. Aplicando a mesma lógica, você pode fazer intervalos mais longos ou até mais curtos, simplesmente usando a duração de tempo do intervalo em terra e medindo a intensidade por meio de monitoração de batimento cardíaco. Como não há quilômetros na piscina, tudo é quantificado em termos de distância e duração. O batimento cardíaco define a intensidade.

*FATO:* pesquisadores da Universidade Baylor provaram que o ritmo da corrida na água se relaciona com o batimento cardíaco. Portanto, se você quiser aumentar seu ritmo, preste atenção ao batimento cardíaco.

**Freqüência:** você pode fazer esse treino de intervalo mais vezes na água do que em terra. Na verdade, pode fazê-lo todos os dias, embora eu não recomende essa rotina por causa de um possível desgaste mental. Tente fazer dois por semana, um intervalo mais longo (de 800 a 1000 metros) e um mais curto (de 200 a 400 metros). Se você também está correndo em terra, veja como um intervalo em terra e um na água funcionam. Muitos atletas acham que podem realmente fazer mais porque a água ajuda muito na recuperação.

**Treinamento atlético (ou *fartlek*[6]):** este treinamento deveria ser chamado de aleatório ou subjetivo. Treina-se intensamente durante um período aleatório de tempo e depois descansa-se, também por um período aleatório de tempo. Esse é um treino de intervalo disfarçado e deveria ser considerado como tal. Recomendo-o para atletas que se sentem inseguros quanto a estarem preparados ou não para um treino de intervalo. Invariavelmente, eles acabam se envolvendo no exercício e se sentem ótimos.

**Objetivo:** fazer intervalos de um modo diferente, desafiador e intuitivo.

**Como é feito:** fazer um aquecimento por 10 a 15 minutos. Em seguida, exercitar-se por 20 a 30 minutos, alternando velocidade rápida e moderada. Variar a duração dos intervalos rápidos e moderados. Prosseguir com uma corrida leve de desaquecimento, por 10 a 15 minutos. Muitas vezes é divertido alternar o esforço. Com freqüência o treino toma a forma de uma escada: ir rápido durante um minuto e devagar em outro minuto, e assim sucessivamente, até quantos minutos você quiser.

---

[6] Fartlek: palavra sueca que designa o método de treinamento em que o esforço maior é posto na energia aeróbica e alternado com um esforço normal num exercício contínuo. Usado geralmente para corrida, também pode incluir bicicleta, remo ou natação (N. T.).

**Freqüência:** este treino é bom para ser feito uma vez por semana.
Em todos os treinos de água profunda, alterne passos longos e curtos.

## RESUMO

Neste capítulo, ao abordar muitos aspectos da corrida em água profunda, espero que você fique com dois conceitos firmemente arraigados em sua mente.

A corrida em água profunda é uma das melhores atividades para prevenir lesões e melhorar seu desempenho, se você é um competidor

Se você não é um corredor de competição, entenda que a corrida em água profunda apresenta todos os benefícios da corrida em terra, sem nenhuma das desvantagens comuns.

# 5. Natação

*O que existe de comum entre: fraturas de estresse, artrite, laceração do ligamento cruciforme anterior, laceração do menisco, faciíte plantar, neuromas, inchaços e ferimentos? Os nadadores nunca os têm!*

## INTRODUÇÃO

Apesar de todo o atual interesse em novas maneiras de treinar na água, a natação ainda é a mais popular. Na verdade, a natação é o esporte mais popular de todos – estima-se que há 63 milhões de nadadores só nos Estados Unidos. A natação é popular por uma boa razão: é um exercício para o corpo inteiro, que trabalha virtualmente cada músculo do corpo. O exercício cardiovascular da natação é uma ótima maneira de ter um coração saudável.

Seria impossível abordar aqui todos os aspectos positivos da natação; portanto, o que vou fazer é fornecer algumas informações atualizadas que lhe permitam melhorar sua técnica e ajudá-lo a estabelecer um poderoso programa de exercícios. Vamos nos concentrar na braçada de nado livre (às vezes chamada de *crawl*) porque é a mais popular e as outras três braçadas são muito semelhantes. O nado livre é a braçada mais comum e a mais amplamente utilizada, tanto para competição quanto para condicionamento. Para o leitor interessado em se aprofundar mais na natação, sugiro o vídeo *Swim Power* e o livro *Natação: um guia de aperfeiçoamento de técnicas e treinamento para nadadores de todos os níveis*. Conseguir alguém que possa filmar você também seria muito útil. Embora a natação seja uma atividade livre de lesão, certifique-se de não cruzar os braços através da linha média do corpo, pois esse movimento pode causar a única possibilidade de lesão da natação: tendinite no ombro.

É preciso certa habilidade e um nível de conforto para nadar, diferentemente de outras formas de exercício encontradas no livro citado.

Não pretendo, aqui, ensiná-lo a nadar. Se você puder atravessar a piscina sem medo de se afogar, esta seção lhe será muito útil. Se o medo da água o preocupa, então sugiro que comece com um treinamento supervisionado. Uma boa aula de natação com outras pessoas é geralmente a melhor maneira de começar a relaxar dentro da água. Apenas certifique-se de que o instrutor seja sensível ao seu medo.

Os avanços tecnológicos tornaram a natação muito mais segura. Câmeras subaquáticas têm ajudado os treinadores a descobrir exatamente o que os melhores nadadores fazem para nadar tão rápido. Os óculos permitem que os nadadores permaneçam mais tempo na água e vejam melhor as paredes na hora de voltar. A tomada eletrônica de tempo tornou possível determinar a ordem de chegada muito mais precisamente e estabelecer recordes mais acurados.

É interessante notar que muitos nadadores estão voltando a nadar em águas abertas. Seja para treinar, para competir ou apenas por pura recreação, as águas abertas apresentam um elemento de aventura que não pode ser encontrado em uma piscina. Nunca existe o problema de achar uma "raia livre" na praia. Há, porém, outros elementos a considerar, como barcos, jet skis, surfistas e animais marinhos. Nadar em áreas protegidas (com um salva-vidas a postos) é a melhor opção. O triatlo é um esporte em crescimento e um dos elementos-chave é o senso de aventura e sobrevivência que se adquire ao nadar em águas abertas.

## TÉCNICA DO NADO LIVRE: DICAS COM EXERCÍCIOS ESPECÍFICOS

Nesta parte vou mostrar três dos aspectos mais importantes do nado livre e sugerir alguns exercícios para ajudá-lo a melhorar sua técnica. Mais adiante, vou estabelecer um plano para incorporar os exercícios aos treinos, de modo que você possa melhorar seu condicionamento e sua técnica em cada treino.

### Técnica
Entre os três dos aspectos mais importantes da boa técnica de nado livre estão:

1. Braçadas longas: braçadas longas e suaves funcionam melhor.
2. Dobrar o cotovelo antes de empurrar para trás: isso permite que seu cotovelo acesse a força do latíssimo dorsal e use uma grande superfície de empuxo (mão e antebraço).

3. Ficar de lado o máximo possível: este é provavelmente o aspecto mais importante da técnica de nadar, pois permite que seu corpo ofereça a mínima resistência à água e ajuda a criar uma ótima posição corporal. Também facilita a dar braçadas longas.

Certamente há outros aspectos a serem considerados; no entanto, esses são a base da natação eficiente. A melhor maneira de trabalhá-los é fazer exercícios todas as vezes que praticar. Vamos examinar cada aspecto e seus respectivos exercícios, a fim de orientá-lo em direção ao aprimoramento.

**Braçadas longas:** este é um aspecto muito lógico. Pense em barcos de corrida e em barcos à vela. Eles têm cascos longos para dar velocidade e eficiência. De maneira semelhante, os nadadores conseguem um impulso mais longo com braçadas mais longas, permitindo-lhes aplicar força para uma distância maior.

Existem dois movimentos que determinam a distância da braçada:
A. Esticar bem o braço para frente quando estiver debaixo da água.
B. Girar bastante de lado, ao executar a extensão.

O segredo para esticar o braço para a frente é deslizá-lo abaixo da superfície da água e esticá-lo para a frente, mantendo-o quase sob a superfície da água. Evite pressioná-lo para baixo.

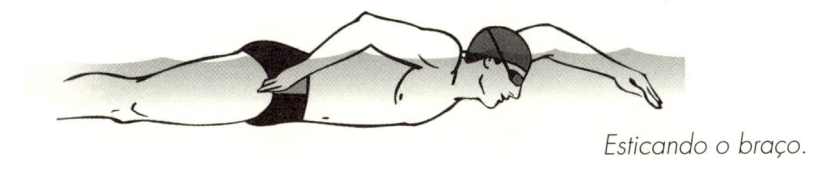

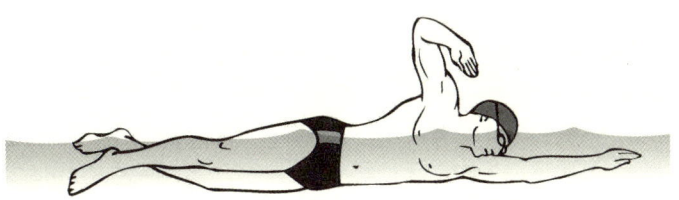

*Esticando o braço.*

*Esticando de lado.*

**Exercícios Rx:**[7] há dois exercícios úteis para isso: um braço só (veja a p. 73 e alcançar (veja a p. 73).

---

[7] Rx: símbolo de prescrições médicas originado de um símbolo astrológico escrito por razões talismânicas. Também usado como abreviação da palavra latina *recipe* = "tome" (imperativo), isto é, instrução ao farmacêutico para reunir os itens listados a fim de preparar o remédio (N. T.).

A rotação do corpo, chamada de rotação longo-axial ou giro corporal, é considerada o terceiro aspecto mais importante da técnica de natação.

**Dobrar o cotovelo antes de empurrar para trás:** quando você observa os melhores nadadores do mundo, percebe muitas técnicas diferentes, mas um elemento comum é que todos curvam o cotovelo no começo da braçada. Um dos erros mais freqüentes que vemos em academias de natação é o de pressionar o braço para baixo, levando a uma puxada sem dobrar o cotovelo ou com apenas uma leve curvatura. A primeira mudança que precisa ocorrer é esticar a braçada, conforme descrito antes, e depois dobrar o cotovelo antes de empurrar para trás.

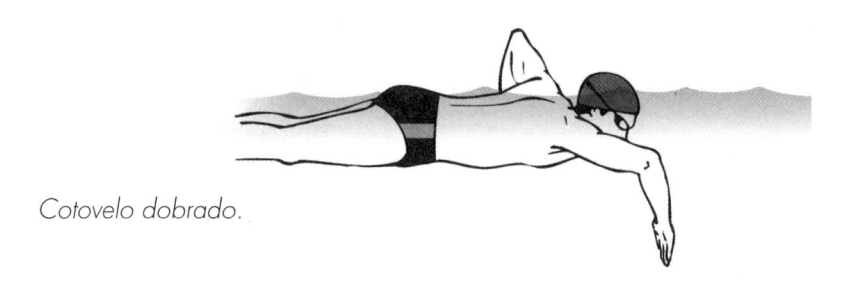

*Cotovelo dobrado.*

**Exercício Rx:** exercício de punho (veja a p. 73).

**Ficar de lado o máximo possível:** este é física elementar. Quanto menos área frontal ou resistência, com a mesma quantidade de força propulsora, mais longe você vai. O segredo aqui é tentar manter o corpo inteiro alinhado quando girar e evitar a "rabeada", que é conseqüência de girar apenas a parte superior do corpo. Os exercícios que seguem foram planejados para fazer exatamente isso: girar o corpo em alinhamento, iniciando o giro com pernada e quadris.

**Exercícios Rx:** exercício de dar pernadas de lado (p. 74), exercício de arrastar com as pontas dos dedos (p. 74), exercício de pernada de costas (p. 74) e exercício de pernada vertical (p. 75).

### Exercícios: como e por quê

A melhor maneira de melhorar e manter a técnica de nado livre é executar exercícios de braçadas. Ao fazer um exercício, é importante que você se concentre naquilo que quer mudar. Apenas fazer mecanicamente os movimentos dos exercícios não é suficiente. Em vez disso, concentre sua atenção na mudança desejada; você pode vir a quebrar antigos hábitos.

As nadadeiras serão de grande ajuda em todos esses exercícios e os movimentos são significativamente mais lentos e singulares do que a natação normal. As nadadeiras ajudam a manter a velocidade de modo que você não adquira uma posição corporal diferente da usual. As melhores são as da marca Zoomer. Elas proporcionam uma velocidade extra e permitem manter uma pernada pequena.

Se esta é a primeira vez que você ouve falar em exercícios, talvez fique um pouco intimidado. Não se espante – apenas mergulhe e dê uma braçada de cada vez. No início, pode parecer que está aprendendo uma nova braçada; no entanto, tenha paciência, pois em pouco tempo você vai executá-los direitinho. Ver esses exercícios em um vídeo pode ser muito instrutivo, uma vez que ilustrações nem sempre ajudam a compreender como eles são executados. Os exercícios devem ser feitos em todos os treinos, depois do aquecimento e antes do desaquecimento. Eles funcionam como um lembrete ao seu sistema nervoso de como você pretende mover o corpo.

### Exercício de um braço só
**Como:** neste exercício, você nada com apenas um braço. Há dois exercícios distintos aqui: apenas braço esquerdo e apenas braço direito. Um braço fica esticado na frente enquanto o outro dá as braçadas.

**O que ele faz:** este exercício é maravilhoso, porque permite se concentrar em um braço de cada vez. Você pode realmente observar seu braço enquanto o faz percorrer as cinco fases do ciclo de braço.

### Exercício de alcançar
**Como:** quando executar este exercício, espere que uma mão entre na água antes de puxar com a outra. É como alternar exercícios de um braço só.

**O que ele faz:** este exercício é excelente para ajudá-lo a trabalhar a rotação e a extensão do braço. Também ajuda a trabalhar o ritmo. O ritmo na natação é igual ao tempo de puxada, pernada e deslizamento. Isso é muito individual e é aperfeiçoado pela experimentação. Esse exercício é o mais útil na experimentação e sensação de relaxamento e conforto na água.

### Exercício de punho
**Como:** este exercício é executado nadando com a braçada normal de nado livre, com a ligeira mudança de fechar o punho de cada mão. Quando executá-lo, você vai sentir a pressão da água em seu antebraço. A melhor maneira de executá-lo é abrir a mão no meio de cada volta. Faça uma distância

e meia e então abra a mão imediatamente. Você vai perceber a força do cotovelo dobrado debaixo da água.

**O que ele faz:** este exercício ajuda a manter o cotovelo elevado (debaixo da água), o que lhe permite empregar os poderosos músculos das costas na puxada. Esse exercício funciona porque força a dobrar o cotovelo e a usar o antebraço.

### Exercício de dar pernadas de lado

**Como:** para executar este exercício, fique de lado e ponha o braço de baixo à sua frente e o de cima ao lado do corpo. Esta é simplesmente a pernada de agitação executada de lado. Para aprender este exercício, faça uma volta inteira de lado; assim que tiver dominado os movimentos, faça de seis a dez pernadas de cada lado e depois alterne os lados. Essa alternação de um lado para outro deve ser abrupta e rápida, com um movimento total do corpo. Tente iniciar o movimento acelerando a pernada.

**O que ele faz:** este exercício auxilia na rotação ao longo do eixo longo e ajuda a criar resistência na pernada. Ele força a girar o corpo todo e não apenas o tronco. Você também consegue trabalhar a pernada de modo correto. Dar pernadas com uma prancha não é o modo como você deve dar pernadas ao nadar; esse é um modo ineficiente de treinar a pernada de agitação.

### Exercício de arrastar com as pontas dos dedos

**Como:** para fazer este exercício, arraste as pontas dos dedos através da água. Para isso, você precisa relaxar a mão e manter o cotovelo alto. Mergulhe a mão quando ela começar a ficar pesada. Tente ficar de lado o mais que puder enquanto arrasta os dedos pela água. O momento em que sua mão ficar pesada será a correta posição de entrada.

**O que ele faz:** este exercício ajuda a manter o cotovelo alto na fase de recuperação do ciclo do braço, evita que a mão entre muito alto na recuperação e bata na água, além de ajudar a manter você de lado. Ele também ajuda a trabalhar uma entrada de mão suave e limpa (sem ar) e a reduzir a tensão desnecessária na mão durante a recuperação.

### Exercício de pernada de costas

**Como:** este exercício usa a pernada do nado de costas. Em poucas palavras, é a pernada de agitação feita de costas. Alterne a perna que bate para cima com a que bate para baixo. Assim como no nado livre, estique as pontas dos pés e movimente as pernas usando os músculos superiores, os quadris e as nádegas. As mãos podem ficar de lado ou esticadas sobre a cabeça, numa posição que não ofereça resistência.

**O que ele faz:** este exercício é útil para equilibrar o desenvolvimento dos músculos. Em todas as formas de treinamento físico, é sempre bom trabalhar os músculos em movimentos opostos.

#### Exercício de pernada vertical

**Como:** você vai precisar da parte funda da piscina para este exercício. Dê pernadas de agitação na vertical e use a pernada para girar 90° para um lado; depois use a pernada para girar 90° para o outro lado. Esse exercício é extenuante; você provavelmente só poderá fazê-lo durante 30 segundos a um minuto de cada vez, mas, à medida que se sentir mais forte, poderá aumentar a duração.

**O que ele faz:** este exercício ajuda você a aprender como iniciar a rotação a partir de uma pernada, enquanto permite um treino muito intenso.

O melhor momento de "deixar pra lá" a técnica e se concentrar no nível de esforço é durante as séries principais. Os melhores nadadores do mundo executam exercícios. Se você fizer exercícios, estará em boa companhia. Esta é a parte mental da natação: você está treinando as vias neuromotoras e precisa visualizar as mudanças antes de fazê-las. Você poderá se sentir estranho a princípio, mas isso é sinal de que está fazendo algo diferente.

O treinamento de técnica é um processo contínuo e no começo pode parecer penoso, mas, na verdade, isso é o que faz a natação ser excitante. Você pode ficar ansioso para improvisar, mesmo ao ficar mais velho. Como soa para você a frase "atleta sem idade"? A maioria dos melhores nadadores nada mais rápido à medida que os anos passam. É claro que existe um limite físico (isso é mais antigo do que você pensa). Esses atletas mais velhos são mais fortes? Às vezes. Geralmente são mais espertos. Mergulhe no fascínio dessa idéia. Leia livros e revistas, assista a vídeos e, sempre que possível, veja uma competição de natação. Melhor ainda, entre em uma!

## AUXILIARES E EQUIPAMENTOS DE NATAÇÃO

O essencial para nadar é um traje apropriado (nada de calções largos e biquínis, por favor!) e óculos. Uma touca é útil, se o seu cabelo for comprido. As nadadeiras são ótimas para exercícios e para um trabalho eficiente com as pernas. Recomendo as Zoomers, que são nadadeiras pequenas. Bóias são úteis para simular o nado com traje molhado e para aqueles dias em que as pernas precisam de um descanso total. A grande maioria dos nadadores acha que os palmares fazem mais mal (como problemas no ombro) do que bem e deveriam ser evitados. As pranchas são divertidas de usar enquanto você está em companhia de outras pessoas e são boas para trabalhar as pernas; no entanto, não estimulam a rotação do eixo longo. Por essa razão, qualquer pessoa seriamente disposta a melhorar suas habilidades de natação deve fazer séries de pernadas executando o exercício de pernada de lado. O resto do equipamento para natação se enquadra na categoria de "brinquedos de piscina".

## COMO PLANEJAR UM ÓTIMO TREINO DE NATAÇÃO

Para que os treinos de natação sejam eficazes, é preciso haver uma estrutura que sempre inclui o seguinte:

- aquecimento;
- exercícios de braçadas;
- série principal;
- novamente exercícios de braçadas; e
- desaquecimento.

As piscinas mais comuns usadas para nadar são as de 25 metros. Eis o que se faz nesse tipo de piscina.

**Aquecimento:** natação leve e contínua, de 10 a 20 minutos.
**Exercícios de braçadas:** duas distâncias para cada um; total de 300 metros.
  **Exercícios de um braço só:** faça uma distância apenas com o braço direito, seguida de uma distância só com o braço esquerdo.
  **Exercício de alcançar:** duas distâncias.
  **Exercício com o punho:** duas distâncias.
  **Exercício de pernada de lado:** duas distâncias.
  **Exercício de arrastar com os dedos:** duas distâncias.
  **Exercícios de pernada de costas:** duas distâncias.
  **Exercício de pernada vertical:** comece com 30 segundos.
**Série principal:** embora as opções para séries principais na natação sejam ilimitadas, estas são as categorias básicas de séries principais: nado longo e contínuo, intervalos longos e curtos.

*Nado longo e contínuo:* como o próprio nome já diz, você nada continuamente, sem parar. A distância depende de sua habilidade, objetivos e limitações de tempo. Comece com uma distância em que se sinta confortável e aumente à medida que sua habilidade e tempo o permitam. O nível de intensidade deve ser de 65% a 85% do esforço percebido (EP). O objetivo dessa série é criar resistência aeróbica e confiança psicológica.

*Intervalos longos:* este treino consiste em fazer repetições de 300 metros ou mais. Descansar de 30 a 60 segundos entre as repetições. Se eu prescrever três nados de 500 metros, você deverá nadar 500 metros, anotar o tempo de chegada, e sair 30 ou 60 segundos depois. A distância do nado e o número de repetições são determinados por sua habilidade e tempo. Tente fazer essa série principal com um total de um ou dois mil metros. Na verdade, uma rotina de três distâncias de 500 metros é uma das melhores séries principais. Nessa série, como na maioria delas, recomendo nados com durações menores. Nade cada uma ligeiramente mais rápido do que a anterior. Esse tipo de treinamento funciona melhor porque aumenta vagarosamente o batimento cardíaco. Geralmente recomendo um esforço percebido com um máximo de 70% a 90%. O importante, aqui, é aumentar a resistência aeróbica e ajudar a ensinar o ritmo.

*Intervalos curtos:* este treino consiste de intervalos de 200 metros ou menos. O descanso é bem curto entre os intervalos: de 15 a 20 segundos (para melhorar sua velocidade aeróbica, isto é, aumentar seu limiar aeróbico) ou de um a vários minutos, de modo que forneça uma recuperação total (para melhorar a velocidade). Um bom exemplo é nadar 50 metros, descansar por 15 segundos e repetir por dez vezes. O esforço percebido é de 75% a 90% de máximo. Um exemplo de uma série de velocidade seria cinco vezes 50 metros com dois minutos (recuperação total) de descanso entre os intervalos. Não deixe que os dois minutos o enganem; estamos com um esforço percebido de 90% a 100%!

Existem muitas outras séries principais que você pode fazer se seu objetivo é a competição; procure um treinador para ajudá-lo a planejar séries que o levem aos seus objetivos. Se você é um nadador de condicionamento, seja criativo em suas séries e preste atenção ao ritmo. Na natação, o treinamento de batimento cardíaco é difícil de manter; portanto, use o esforço percebido como descrito acima ou verifique seu batimento cardíaco no relógio da parede da piscina contando as batidas do coração (dedo indicador na carótida) durante seis segundos e multiplique por dez. (Para mais informações sobre monitoração de batimento cardíaco, veja o Capítulo 8.)

Caso queira variar, existem mais algumas séries principais. Você pode adaptar o número de repetições caso sinta necessidade.

A fórmula dessas séries principais é:

$$R \times L \text{ sobre } T,$$

onde R é número de repetições, L é a extensão do nado e T é o tempo entre as saídas (tempo de intervalo). Isso é você quem decide e depende da série adotada.

*Séries suplementares*
A. O Indicador I: 10 **x** 100 segundos
B. O Indicador II: 5 **x** 200 segundos
C. A Escada: 50, 100, 200, 300, 200, 100, 50
D. Velocidade: 20 **x** 25 segundos
E. Resistência: 5 **x** 300 segundos

**Exercícios de braçadas:** após a série ou séries principais, você deve fazer um ou dois exercícios para recuperar a boa técnica perdida durante um nado mais pesado.

**Desaquecimento:** finalmente, como em qualquer treino, termine com um nado leve, com duração de 10 a 15 minutos.

## BRAÇADAS EXTRAS

Muitos princípios da técnica do nado livre podem ser aplicados a outras braçadas. O nado de costas pode ser visto como o nado livre feito de costas. A pernada do nado de costas é a mesma pernada do nado livre, com uma ligeira mudança na proporção de forças exercidas pelas partes da frente e de trás das coxas. O nado borboleta pode ser visto como similar ao nado livre, pois você percorre os mesmos padrões de puxada com os braços. O nado de peito é o mais divergente da técnica de nado livre, mas, ainda assim, apresenta alguns aspectos da puxada do nado livre. Cada uma das braçadas utiliza a posição corporal de mínima resistência à água; em cada uma delas (exceto no nado de costas) você expira (solta o ar) enquanto o rosto está dentro da água; e cada uma delas requer aquele sutil "sentir a água". Para o leitor interessado, no livro *Natação: um guia ilustrado de aperfeiçoamento de técnicas e treinamento para nadadores de todos os níveis* (veja o Apêndice I) há um capítulo sobre as braçadas extras, bem como técnicas mais avançadas de nado livre.

# 6. Treinamento de força na água

*Às vezes, quando penso nas tremendas conseqüências que advêm das pequenas coisas... Fico tentado a pensar... que pequenas coisas não existem.*

*Bruce Barton*

## INTRODUÇÃO

Exatamente como o treino de peso feito em terra, o treinamento de força pode ser feito na água, com movimentos e equipamentos específicos. Isso nos leva diretamente ao fortalecimento e à tonificação dos músculos. O programa seguinte de treinamento em água rasa e profunda foi planejado especificamente para promover a força muscular e a resistência, em vez de lidar com os benefícios de aeróbica aquática, corrida em água profunda e natação.

Assim como em terra é freqüentemente desejável isolar certos grupos musculares ou trabalhar a flexibilidade de certas juntas ou músculos, isso também pode ser feito na água. O programa seguinte vai fortalecer a parte inferior do corpo, os abdominais, as costas, a parte superior do corpo e até mesmo os músculos do pescoço. Muitas dessas áreas são negligenciadas tanto em nossas atividades do dia-a-dia quanto nos treinos em terra. A água fornece um meio excelente, que de muitas maneiras é superior ao do treinamento em terra. O efeito de força positivo-positiva do treinamento na água (com uma força de resistência isocinética tanto dos músculos protagonistas quanto dos antagonistas) diminui o número de exercícios necessários, uma vez que a resistência da água trabalha os músculos positivamente em todas as direções. Por exemplo, os quadríceps e os tendões da coxa podem ser trabalhados com o mesmo movimento. Em terra, você precisa separar os exercícios para atingir esse efeito, porque está trabalhando apenas contra a gravidade.

Este capítulo difere dos três anteriores porque vou descrever vários exercícios de fortalecimento e deixar para você a decisão sobre incorporá-los tanto numa rotina de aeróbica aquática quanto num aquecimento (ou desaquecimento) para corrida na água, ou executá-los como um treino separado. Minha sugestão é incorporar os exercícios de fortalecimento ao seu próprio programa de treinamento de circuito na água. Neste livro, tenho um limite de exercícios que posso descrever, mas não deixe que isso o desanime. Você só é limitado pela sua imaginação. (Para ajudar a imaginação, veja a seção "Leituras sugeridas", no Apêndice I.) Lembre-se apenas de nunca forçar uma junta além de sua amplitude normal de movimento.

## O EQUIPAMENTO

O equipamento para essas atividades é importante, uma vez que acrescenta tanto versatilidade quanto intensidade ao seu programa de treinamento. Quase todo o trabalho em água profunda deve ser executado enquanto estiver usando um recurso de flutuação. Isso lhe permite concentrar-se no exercício e não em manter-se na superfície.

Existem pranchas peitorais com alças que funcionam como uma plataforma de treino, tanto para água rasa quanto para água profunda. Recentemente, usei uma dessas pranchas de treino e fiquei espantado ao ver quanto gostei de ficar sentado na prancha, fazendo extensões de pernas. Os exercícios que você pode fazer com essa prancha são praticamente ilimitados.

Uma outra peça de equipamento importante é uma estação de treino, que lhe dá a oportunidade de se manter estável e movimentar juntas específicas e músculos isolados contra a resistência da água. O segredo é que ela o ajuda a isolar grupos de músculos durante o treino.

O uso de equipamentos na água permite que você faça exercícios para as costas, abdômen e partes superior e inferior do corpo, a fim de obter resultados mais poderosos, controlados e quantificáveis do que conseguiria ao se exercitar livremente na água. Cordas e luvas resistentes podem ser acrescentadas a muitos movimentos para aumentar a intensidade do treinamento.

Os treinos em água rasa criam um baixo impacto. Esse impacto é comunicado diretamente aos pés; e, uma vez que usamos calçados para a maioria de nossas atividades, recomendam-se as sapatilhas de aeróbica aquática.

Muitos dos recursos descritos nos capítulos anteriores podem ser utilizados para melhorar o treino, tanto em água rasa quanto em água profunda. (Para uma descrição completa desses equipamentos com ilustrações, veja os capítulos 3 e 4.)

## OS MOVIMENTOS

Esses exercícios adaptam alguns movimentos da aeróbica aquática, emprestam um pouquinho do programa de corrida na água e utilizam equipamento para criar alguns movimentos novos.

Ao executar esses exercícios, é sempre importante saber que é necessário pelo menos um pequeno espaço na piscina somente para você. Tenha cuidado com as pessoas a sua volta. Use um equipamento para definir seu espaço (seja uma corda, uma corda elástica ou uma prancha de exercícios).

Para criar força, é importante executar um treino repetitivo. Depois de um período de quatro a cinco minutos de aquecimento, em que você gradualmente aumenta a velocidade e a intensidade do aquecimento fazendo exercícios como corrida em água profunda, você deve começar o treino de tonificação.

Quando treinar em água rasa, sempre use o equipamento na superfície da água ou abaixo dela. Há duas maneiras de aumentar o efeito do treinamento de força na água:
1. aumentar a velocidade do movimento e
2. acrescentar equipamento de resistência.

Quando treinar em água rasa, certifique-se de manter uma postura equilibrada e controlada. As sapatilhas de aeróbica aquática são recomendadas para todos os treinos em água rasa. Na água profunda, é importante lembrar que o equipamento pode ser usado na superfície ou debaixo da água. Sempre que usar uma corda elástica de resistência, posicione-a no nível da água ou abaixo dele na Estação de Treino na Água, num anel de raia ou na escada da piscina. Cuidado com o local onde for prender a corda. Mesmo que seja relativamente seguro usar cordas, existe a possibilidade de ela se soltar. Ninguém deve ficar no local de conexão de sua corda.

Certifique-se de utilizar os movimentos descritos no capítulo de aeróbica aquática (veja o Capítulo 3). O treinamento de força em água rasa ou profunda deve focalizar movimentos que isolam um grupo muscular específico, em oposição à atividade generalizada da aeróbica aquática. Por exemplo, esticar e flexionar as pernas é um movimento isolado, enquanto fazer polichinelo combina muitos grupos musculares. Em geral, em cada série, repita de 10 a 15 vezes os exercícios de fortalecimento deste capítulo.

**Exercícios aquáticos com prancha:** a Prancha de Treino na Água (com alças e furos) pode ser usada em água rasa ou profunda; no entanto, considero a prancha de treino mais eficaz em água rasa, onde posso manter minha posição para aplicar mais resistência aos músculos.

Aqui estão exemplos de apenas alguns – mas essenciais – usos da prancha de treino. Os primeiros três movimentos são feitos em posição ereta.

| EXERCÍCIOS | BREVE DESCRIÇÃO |
| --- | --- |
| Empurrar-puxar | Trabalha o peito (empurrar) e as costas (puxar). |
| Lado a lado | Trabalha os ombros, braços e peito. |
| Rotação de tronco | Gira o corpo para trabalhar os oblíquos abdominais. |

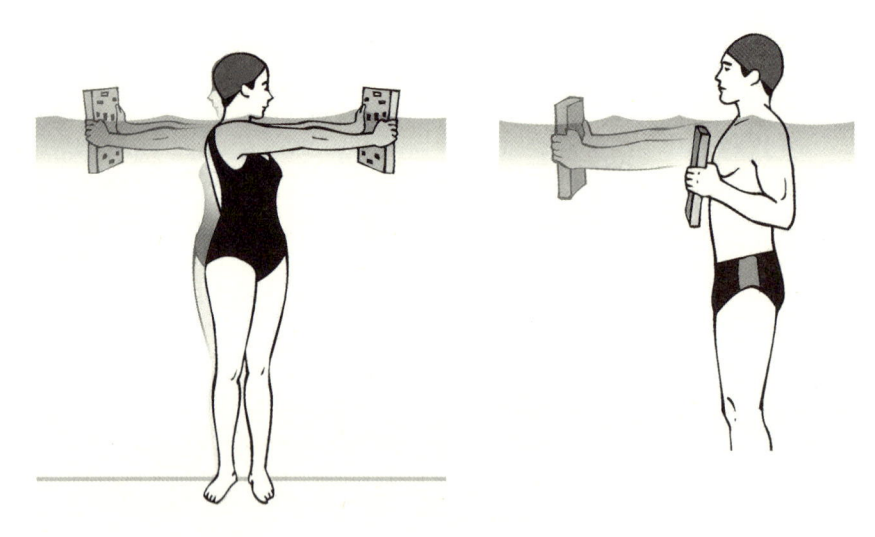

*Movimento lado a lado com a prancha.*   *Empurrar-puxar com a prancha.*

*Rotação de tronco com a prancha.*

(Nos três movimentos acima, a resistência pode ser ajustada pela profundidade em que a prancha está submersa.)

Sente-se na prancha e segure as alças para os três movimentos seguintes. O último é feito deitado na prancha.

| EXERCÍCIOS | BREVE DESCRIÇÃO |
| --- | --- |
| Extensão e flexão das pernas | Pernas completamente estendidas, depois retorno à posição dobrada. Trabalha os quadríceps e tendões. |
| Rotação dos quadris | Faça um movimento de chute tipo chicote ou batedor de ovos. Trabalha os rotadores internos e externos dos quadris. |
| Pressão abdominal | Traga os joelhos até o peito para trabalhar os abdominais. |
| Extensão das costas | Segure a prancha com força e arqueie as costas para trabalhar a parte lombar. |

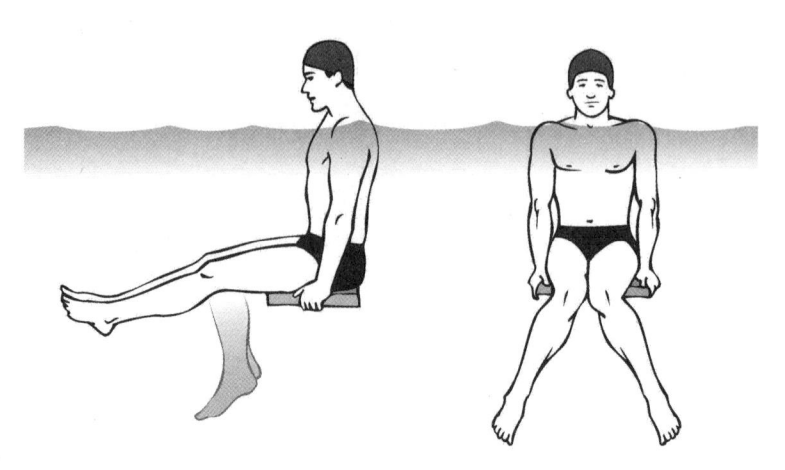

*Sentado, extensão e flexão da perna com a prancha.*

*Sentado, rotação dos quadris com a prancha.*

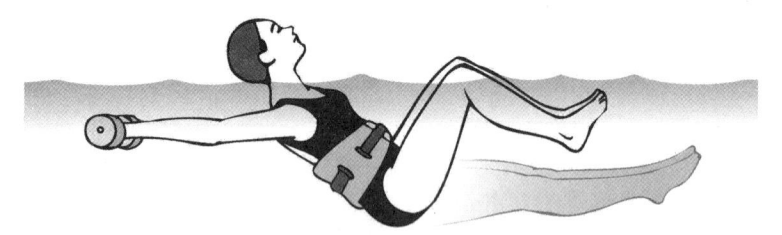

*Extensão das costas com a prancha.*

*Pressão abdominal com flutuador de mão.*

Os exercícios de pressão abdominal também podem ser feitos em água rasa ou profunda, utilizando um flutuador de mão e trazendo os joelhos em direção ao peito. Outro método, ainda, é colocar as pernas sobre a borda da piscina, mantendo o corpo voltado para cima na água. Dobre as pernas e segure durante dez segundos. Finalmente, os exercícios de flexão abdominal podem ser feitos de costas, usando shorts e polainas de flutuação, com cordas de elástico resistente nos tornozelos. Os braços podem contribuir com esse exercício para trabalhar a parte superior do corpo. Chamamos esse movimento de "A Águia".

*A Águia: pressão abdominal com polainas e cordas.*

**Treinamento em água rasa:** os exercícios de treinamento de força a seguir são todos feitos em pé, em água rasa.

| EXERCÍCIOS | BREVE DESCRIÇÃO |
| --- | --- |
| Levantamento da perna esticada | Trabalha os quadríceps, tendões e flexores dos quadris. |
| Flexão da perna | Trabalha os tendões e quadríceps. |
| Adução/abdução dos quadris | Trabalha os abdutores (perna para fora) e os adutores (perna para dentro). |
| Elevação da panturrilha | Trabalha os músculos da panturrilha. |
| Flexão do bíceps e tríceps (extensão) | Flexão positivo-positiva do braço. |
| Rotação do tronco | Gire a parte superior do corpo de um lado para o outro para trabalhar os músculos dorsais. |
| Extensão das costas | Trabalha os músculos das costas, ao arqueá-las com os braços levantados ou abaixados. |

(A resistência de todos os exercícios acima pode ser aumentada com o uso de polainas, bóias e cordas.)

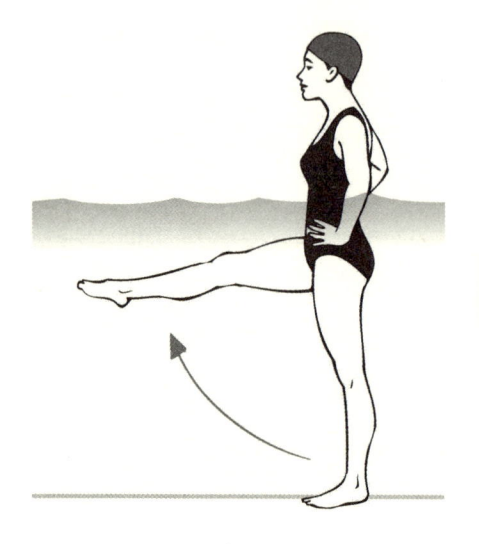

*Levantamento de perna esticada em água rasa.*

*Flexão de perna em água rasa.*

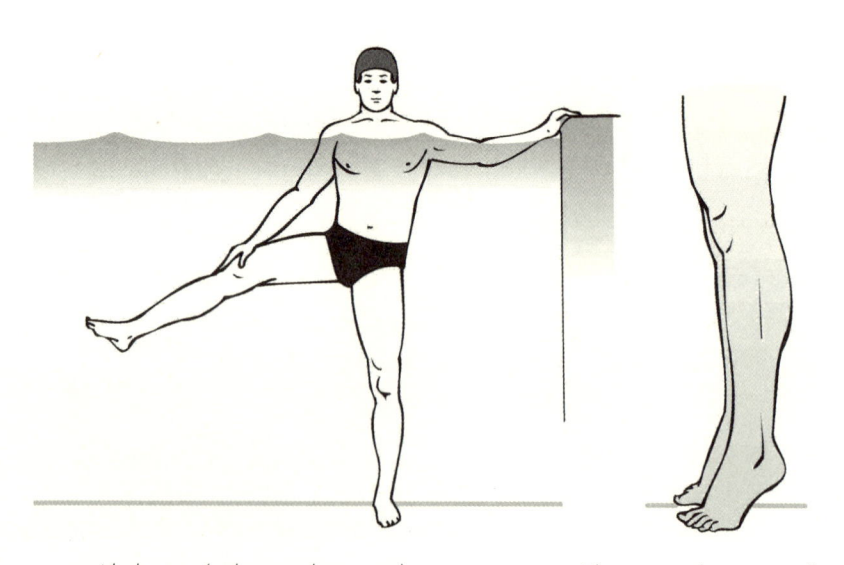

*Abdução/adução dos quadris.*

*Elevação da panturrilha.*

*Flexão/extensão positivo-positiva do braço.*

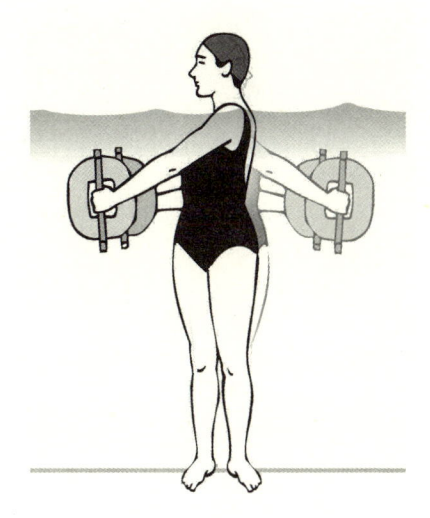

*Rotação do tronco em água rasa.*

*Extensão das costas em água rasa.*

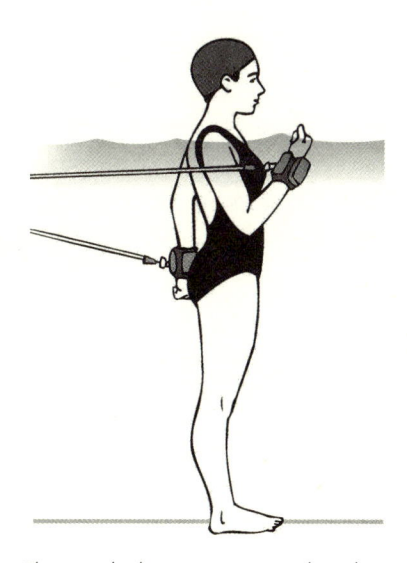

*Flexão do braço com cordas de resistência.*

A água rasa fornece uma base excelente para executar exercícios com as extremidades superiores. Flexões de braço para fortalecer os bíceps e tríceps podem ser feitas com halteres, luvas de natação ou munhequeiras. As cordas de resistência elástica devem ser usadas para um treino mais intensivo. Os exercícios são feitos alternando os movimentos com as mãos, primeiro esticando completamente o braço atrás das costas e depois trazendo-o para a frente com a palma para cima; em seguida, dobrando-o em sua direção, flexionando o cotovelo fortemente enquanto alcança cada ombro.

Embora não isole grupos simples de músculos, o esqui *cross-country* é um poderoso construtor de força quando feito com cordas de elástico resistente nos pulsos e tornozelos. É um excelente exercício para os músculos lombares, coxas, braços e nádegas.

**Programa de fortalecimento da bainha do rotador:** antes de entrar em nossa programação específica de treino, vejamos uma área de fraqueza muito comum: a bainha do rotador. Muitas pessoas praticantes de esportes – como natação, golfe, vôlei, basquete, boliche, *softball*, beisebol e todos aqueles com raquetes – experimentam dor no ombro. Mesmo que você esteja livre de lesão, fortalecer os músculos intrínsecos do ombro é uma boa política de segurança. Todo bom terapeuta conhece os exercícios que fortalecem a bainha do rotador e muitos são executados com pesos livres ou cordões de resistência. Esses movimentos podem ser feitos na água com resultados maravilhosos. Sugiro fazê-los com água até o pescoço, embora também possam ser feitos em água profunda. Comece sem resistência, e, aos poucos, acrescente luvas ou cordas de resistência. Em cada exercício, faça duas ou três séries de 10 a 15 repetições.

Na página 91 descrevo os cinco movimentos essenciais para fortalecer os ombros e que podem ser executados com água até o pescoço.

| EXERCÍCIOS | BREVE DESCRIÇÃO |
| --- | --- |
| Levantamento das pernas, sentado | Trabalha os tendões do joelho e quadríceps. |
| Adução e abdução | Trabalha os adutores e abdutores. |
| Rotação lateral do tronco | Fortalece o torso. |
| Suspensão com pegada larga | Trabalha o latíssimo dorsal. |
| Suspensão com pegada estreita | A pegada estreita trabalha os bíceps e os músculos das costas. |

(cont.)

| | |
|---|---|
| Barras paralelas | Trabalha os tríceps e o peito. |
| Flexão | Segure um banco com o estômago voltado para baixo e levante. Trabalha peito e braços. |
| Pressão abdominal | De costas no banco, traga os joelhos até o peito. Trabalha os abdominais inferiores. |
| Oblíquos abdominais | Segurando os apoios de mão, empurre os joelhos obliquamente – primeiro o esquerdo, depois o direito. |

*Levantamento de pernas sentado.*

*Rotação lateral do tronco na Estação de Treino na Água.*

*Suspensão.*

*Suspensão.*

*Barras paralelas.*

*Flexão.*

*Pressão abdominal.*

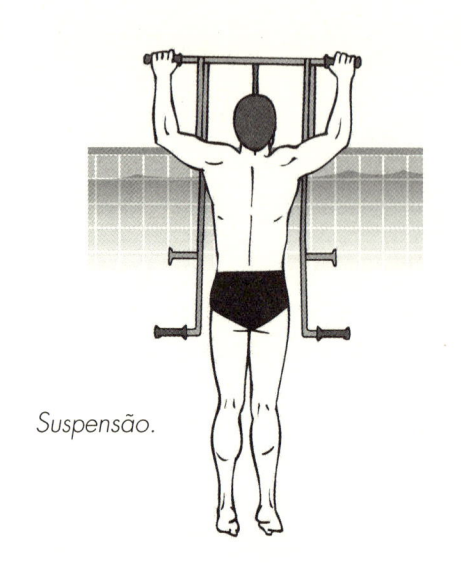

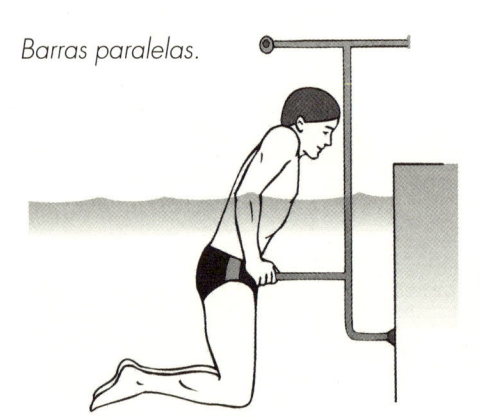

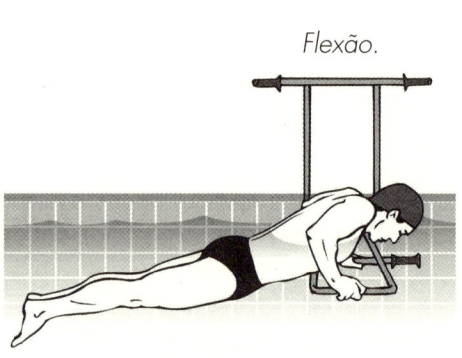

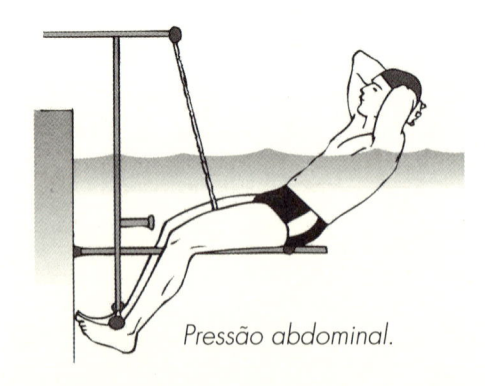

*Oblíquo abdominal.*

| EXERCÍCIOS | BREVE DESCRIÇÃO |
|---|---|
| Levantamento lateral | Levante os braços para os lados até a altura do ombro (veja a ilustração na p. 45). |
| Levantamento posterior | Levante os braços atrás de você, o mais alto que puder. |
| Levantamento anterior | Levante os braços à sua frente até a altura do ombro. |
| Rotações de ombro | Com os cotovelos de lado, num ângulo de 90°, balance os braços para dentro e para fora. |
| Encolher de ombros | Encolha os ombros para frente, num movimento circular; repita fazendo o inverso. |

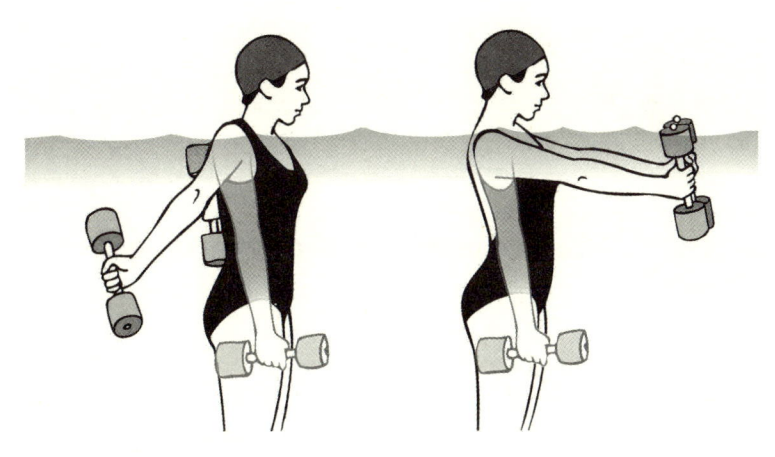

*Levantamento posterior do braço.*   *Levantamento anterior do braço.*

*Rotação interna e externa do ombro.*

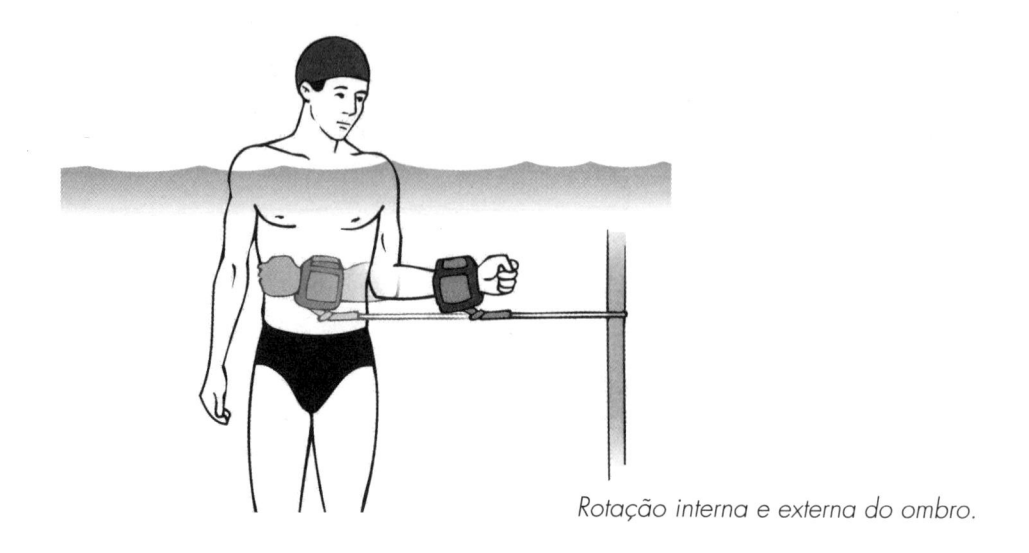

**Treinamento em água profunda:** a maioria dos exercícios de fortalecimento em água profunda são mais bem executados com a utilização de um equipamento estacionário, tal como a Estação de Treino na Água, a escada de piscina ou uma prancha de mergulho fundo. (Lembre-se: se sua piscina não tiver uma Estação de Treino, tente adaptar esses exercícios a uma escada de piscina ou prancha de mergulho fundo.)

Se estiver usando um short de flutuação ou um cinto de flutuação (e com o uso opcional de cordas de elástico resistente), você pode fazer exercícios na parte funda que simulam correr com bóias e fazer polichinelo deitado de costas.

## EXERCÍCIOS: CONDICIONAMENTO E APRIMORAMENTO DE DESEMPENHO

### FORTALECIMENTO E TONIFICAÇÃO MUSCULAR

Os iniciantes devem se concentrar em repetir de 10 a 15 vezes cada exercício. Depois que tiver realizado duas ou três séries de um exercício, use equipamento de resistência para aumentar a carga muscular. É importante não se movimentar depressa demais, pois você sentirá uma grande queimação no músculo; no entanto, uma queimação leve ou moderada é salutar. Quando profunda representa aumento do ácido láctico e transforma seu exercício em uma atividade aeróbica.

## Treinamento de circuito na água

Como já foi dito na introdução deste capítulo, minha sugestão para treinamento em água rasa ou profunda é fazer um treinamento de circuito. O conceito de treinamento de circuito é estabelecer uma série de exercícios diferentes e ir de um exercício para outro, em seqüência, repetindo de 10 a 30 vezes cada um. Freqüentemente, a série inteira será repetida de duas a três vezes. O treinamento de circuito na água pode ser facilmente transformado em um treino aeróbico se você monitorar seu batimento cardíaco. Aumente ou diminua a velocidade dos movimentos e descanse entre os exercícios, conforme a necessidade, para se manter em sua zona aeróbica (de queima de gordura) por um mínimo de 20 minutos (veja o Capítulo 8).

A quantidade de repetições, o equipamento utilizado e a velocidade do movimento determinam a intensidade. Um dos inconvenientes do treinamento de força na água é que a resistência contra a água é mais difícil de medir do que o peso de um haltere em terra; portanto, assim como no treinamento aeróbico, uma mistura de treinamento em terra e na água funciona melhor.

Embora, como já disse, você possa criar sua própria série, eis uma lista de dez exercícios essenciais para você começar. Acrescente-os à medida que progredir. Tenha cuidado com a postura e a técnica quando executá-los.

### Dez movimentos sugeridos para o treinamento de circuito na água

1. Correr no lugar por 10 a 15 minutos (aquecimento).
2. Levantamento da perna esticada.
3. Flexão das pernas.
4. Adução e abdução do quadril.
5. Elevação da panturrilha.
6. Flexão dos bíceps e extensão dos tríceps.
7. Supino com halteres.
8. Rotação do tronco.
9. Pressão abdominal.
10. Extensão dorsal.

À medida que se exercita, você fortalece os músculos, queima calorias, relaxa as tensões do dia-a-dia e derrota o processo de envelhecimento. Bom negócio, hein?

**RESUMO**

Este capítulo apresentou vários movimentos para fortalecer os grandes grupos de músculos. Não inclui todos os movimentos possíveis. (Para o leitor interessado em aprender exercícios adicionais, veja o Apêndice I.)

# 7. Aperfeiçoamento de desempenho: treinamento para um esporte específico

*Lute pela perfeição que a excelência virá.*

**INTRODUÇÃO**

O treinamento de especificidade para um esporte é usar os mesmos músculos, da mesma maneira que você o faz em seu esporte.

A carga dos músculos pode ser mais intensa quando você treina na água do que quando pratica o esporte em terra. É o oposto do treinamento de fortalecimento na água, em que você isola os músculos a serem exercitados.

Uma das áreas de exercício aquático que mais rapidamente vêm tomando impulso é o treinamento específico. Ao simular na água praticamente qualquer movimento específico de um esporte, você terá quatro benefícios: o fortalecimento gama, a capacidade de treinar mesmo lesionado, o treinamento biomecânico, o fator do "ambiente novo".

Vamos ver esses benefícios no contexto de um lançador de beisebol:

**1. Fortalecimento gama:** balançar simplesmente um taco na água fornecerá muitas vezes mais resistência do que balançar em terra (pelo menos 60 vezes!).

*Batendo.*

**2. Capacidade de treinar mesmo lesionado:** no caso de algumas lesões, a natureza de apoio e pressão da água permite movimentos que seriam impossíveis ou prejudiciais em terra.

**3. Treinamento biomecânico:** o movimento do batedor pode ser analisado, uma vez que é feito lentamente devido à viscosidade da água. Esse movimento pode ser analisado em tempo real pelo treinador ou filmado para uma análise mais detalhada.

**4. Fator "ambiente novo":** este é o fator que entra em jogo quando um atleta é colocado em um ambiente novo, completamente desconhecido, e é solicitado a lidar com ele. O atleta é incapaz de trapacear e precisa agir com correção mecânica na água. Nessa situação, não se pode retroceder para aquelas habilidades exclusivas de força, usadas às vezes em terra para superar uma fraqueza ou deficiência ao praticar um esporte. Esse também é um fator de treinamento de renovação.

*FATO:* Kate McMahon, do Centro Médico de New Haven, tem trabalhado na água com integrantes do time de futebol americano Dallas Cowboys para melhorar as habilidades específicas de força e agilidade. Ela recomenda o fator "ambiente novo" da água para melhorar o desempenho e a coordenação dos jogadores.

*FATO:* um lançador de beisebol profissional que sofria de uma severa tendinite na bainha do rotator foi tratado em minha academia. Ele passou por um programa de flexibilidade, treinamento de força e terapia aquática. Implantamos um programa de lançamento dentro da água, submerso até o queixo, com e sem cordas de elástico resistente. Depois do treinamento na água, ele voltou para uma posição no time do Kansas City Royals.

A partir disso, provavelmente você já está pensando em balançar raquetes, boxear, chutar a gol etc. Outra excelente vantagem do treinamento específico é que ele acontece em novos ambientes – muitas vezes inundando o atleta com um entusiasmo revigorante. Enquanto você está na água fazendo seu treinamento para um esporte específico, aproveite a oportunidade para usar alguns dos outros métodos exemplificados neste livro. Eles também aperfeiçoarão seu desempenho.

*FATO:* Nancy Kerrigan, patinadora artística olímpica, reabilitou uma lesão no joelho e na coxa dentro da água. Ela agora usa uma Estação de Treino na Água Aquatrend para treinar. Também faz as manobras do esporte específico de patinação artística na água e salta sem risco de lesão.

Essa é uma seqüência comum de eventos com atletas. Eles primeiramente são apresentados aos treinos na água como resultado de uma lesão, depois continuam a treinar nesse ambiente tão logo percebem os benefícios do treino de esporte específico.

Um exemplo clássico de treino na água para esporte específico é o esforço que os corredores olímpicos dos Estados Unidos devem ter feito em 1995-1996. Vários desses corredores passaram muitos meses no Centro Internacional de Corrida de Houston com David Brennan, professor-assistente de Medicina Física e Reabilitação da Faculdade de Medicina de Baylor.

*FATO:* David Brennan criou um programa de corrida na água para os atletas olímpicos de atletismo, tendo em mente os métodos de treinamento específico para o esporte. Ele ensina cadência e a biomecânica adequada usando câmeras submarinas e colocando fones de ouvido com um metrônomo em cada atleta. Treinando esses corredores com treinamento gama, ele aumenta o desempenho deles na corrida. Com o uso do treinamento na água para esporte específico, os atletas podem melhorar sua corrida de atletismo em terra ao conseguir uma amplitude maior do movimento das juntas, aperfeiçoando a biomecânica da corrida e elevando o ritmo de corrida (cadência elevada).

David Brennan cunhou o termo "supracadência" para descrever o efeito que o treinamento na água exerce sobre os atletas de corrida. Ele recomenda que o próprio atleta controle a cadência – "treino intrínseco"– ou deixe um metrônomo gravado estabelecer o ritmo com a ajuda dos fones de ouvido.

## O EQUIPAMENTO

O equipamento do treinamento para esporte específico inclui vários equipamentos (veja os capítulos 3 e 4). Acostume-se a encontrar um bastão aquático de beisebol, uma raquete de tênis ou um taco de golfe. Recomendo que você use seu equipamento mais antigo ou um que não queira mais usar em terra. Não se esqueça de lavar todo o equipamento antes de usá-lo na piscina.

A finalidade do equipamento em treinos para esporte específico é ajudar a simular o movimento. O desempenho pode ser aprimorado com aumento de força, aumento de resistência, técnica aperfeiçoada e até mesmo com o aumento da coordenação olho–mão. Quando executa um movimento mais lentamente que o usual, você pode fazer microajustes.

*FATO:* Robert Forster, treinador, recomenda um treinamento aquático de corrida com intervalo para os atletas de corrida. Ele já treinou a medalhista de ouro de três Olimpíadas Jackie Joyner-Kersee na água com um extensor atado a um dispositivo de flutuação, como parte freqüente de seu programa de treinamento.

Há muitos exemplos de atividades de treinamento na água para esporte específico que não exigem equipamento. Meu trabalho com boxeadores profissionais é um exemplo. Em geral, eles preferem não usar qualquer tipo de equipamento, mas quando usam, escolhem flutuadores de mão, luvas resistentes ou luvas com cordas de resistência para executar seus treinos.

*FATO:* Mohammed Ali e Rocky Marciano treinavam rotineiramente em água profunda. Seus recordes profissionais são testemunho do sucesso do boxe na água, com ou sem luvas, para aprimorar a velocidade e a agilidade.

## OS MOVIMENTOS

*Boxeando.*

Para aperfeiçoar o desempenho enquanto se pratica uma atividade de esporte específico, o movimento deve ser biomecanicamente preciso. Por isso, recomendo que inicialmente você trabalhe com um treinador ou um parceiro de treinamento. O treinador ou parceiro de treinamento pode ficar fora ou dentro da água, e observar sua técnica. Essa observação é muito importante para determinar a biomecânica adequada para sua atividade de esporte específico e a precisão da simulação do movimento.

*FATO:* o programa de atletismo olímpico dos Estados Unidos usa janelas subaquáticas e uma instalação de câmeras de vídeo para que os treinadores possam orientar os atletas sobre mudanças biomecânicas específicas em sua corrida. Os treinadores acham que o exercício na água é um grande aliado em seu trabalho.

Uma vez que uma sessão de treinamento na água pode ser vista tão claramente, é uma vantagem para os treinadores de condicionamento e fortalecimento usar a água no treinamento para esporte específico. Assim, o atleta pode ser visto lado a lado com outros corredores e muito de perto pelo treinador. Com o uso de extensores ou cordas de resistência, o treinador pode observar o estilo e a técnica particulares de cada um e fornecer um *feedback* imediato.

Alguém aí pratica tênis? Outra forma de treinamento para esporte específico é o tênis de elite. As raquetes de tênis estão se tornando aquáticas à medida que os jogadores trabalham seus *forehands* e *backhands*. Essas raquetes aquáticas ajudam os atletas a fortalecer os músculos específicos que usam no tênis, a fim de conseguir tanto uma vantagem competitiva quanto um desempenho geral aperfeiçoado. Você pode trabalhar os golpes, o condicionamento geral e o aperfeiçoamento da velocidade nos voleios e cortadas. Para praticá-los, você precisa se manter na água profunda, ligado a um sistema de respiração – não tente fazer isso em casa ou sozinho.

Espero que seu taco de golfe seja impermeável, pois os tacos de golfe agora estão sendo usados na água. É melhor usar os tacos na parte mais funda, onde há bastante espaço e nenhum perigo de bater no fundo da piscina. Alguns golfistas cortam os tacos pela metade para trabalhar na parte rasa. O treinador de golfe pode trabalhar numa combinação de movimentos corporais em câmara lenta e depois aumentar a velocidade enquanto observa todas as partes do balanço e da continuação do movimento ao lado da piscina. Este é um excelente método para trabalhar a mecânica e o fortalecimento.

*FATO:* Carl Lewis, nove vezes medalha de ouro nos Jogos Olímpicos, aprimorou suas habilidades de equilíbrio e postura corporal em eventos de corrida ao executar exercícios de equilíbrio em água rasa contra um duto de água (um jato forçado de água) no Centro Internacional de Corrida de Houston. Esses exercícios o ajudaram a se classificar para sua quinta Olimpíada.

Entre outros exemplos de atividades para esporte específico estão: jogadores de hóquei que simulam jogar o disco e patinar; goleiros que executam chutes com segurança, além de saltos, mergulhos e pulos defensivos; atletas de artes marciais que praticam chutes e pulos; ginastas que dão giros invertidos e rodopios sobre a superfície da água, sem se preocupar em cair sobre um gramado ou um chão duro, arriscando-se a uma contusão. Os jogadores de basquete são capazes de passar, correr, lançar, rebater e pular, sem cair em uma superfície dura. Qualquer praticante de esporte que envolva uma bola pode praticar lançamento e pegadas sem o risco de impacto ou lesão. Eles também evitam a praga do supertreinamento (exagerar no treino).

*FATO:* Kevin McHale, ex-estrela do Boston Celtics, executava exercícios rotineiramente com um pé dolorido. Ele também fazia exercícios de agilidade e de passar a bola em água profunda.

Depois de um trabalho inicial com um treinador ou com um parceiro de treinamento, recomendo que você continue sozinho durante um período de tempo. É importante ter variedade em seu treino. Você deve incluir um exercício aeróbico e um de corrida junto com o treinamento de esporte específico.

## EXERCÍCIOS: CONDICIONAMENTO E TREINAMENTO PARA ESPORTE ESPECÍFICO

Seria um tanto redundante listar treinos para todos os diferentes esportes que podem ser simulados na água. Aqui está um exercício geral de treinamento para esporte específico.

**Exercício de treinamento para esporte específico:** faça um aquecimento durante 10 ou 15 minutos de corrida na água ou aeróbica aquática. Nos 10 ou 15 minutos seguintes, faça lentamente os movimentos de seu esporte, trabalhando a mecânica e tirando vantagem da velocidade baixa na água, a fim de fazer ajustes precisos na técnica. Aumente a velocidade do movimento e faça várias séries repetidas do movimento com 30 segundos de descanso. Continue as séries durante 10 ou 15 minutos. Isso vai criar resistência e força. Se possível, uma vez que os músculos tenham se fortalecido, amarre uma corda de resistência ao equipamento e continue o movimento para conseguir uma carga gama para o aumento de força. Faça um desaquecimento durante 10 ou 15 minutos com corrida na água ou aeróbica aquática.

# 8. Treinamento suplementar

*Às vezes, a vida lhe oferece uma segunda
oportunidade de mudar as coisas; esta é uma delas.*

## MONITORAÇÃO DE BATIMENTO CARDÍACO

O monitor de batimento cardíaco é indispensável para a eficácia de seu programa de treinamento. O Colégio Americano de Medicina Esportiva definiu condicionamento em termos relativos ao batimento cardíaco. Essa organização de pesquisa esportiva recomenda que uma atividade de condicionamento seja um exercício aeróbico (aquele que mantém o batimento cardíaco em 65% a 85% da taxa máxima de batimentos) feito por pelo menos 20 minutos, três vezes por semana. Em poucas palavras, se você não se exercita em um nível aeróbico, não está recebendo os benefícios máximos de condicionamento. Cinco anos atrás, eu realmente precisava martelar isso na cabeça de meus clientes. Ultimamente, cada vez mais pessoas perceberam os benefícios de usar um monitor de batimento cardíaco. Lembre-se de que o batimento cardíaco é a chave para o nível de exercício. Se você resolver não usar um monitor de batimento cardíaco, poderá tomar o pulso manualmente pressionando o dedo indicador na artéria carótida (do lado do pescoço, atrás da traquéia e a uma distância de um palmo abaixo da orelha) e contando as batidas durante 6 segundos. Por exemplo, se você contar um pulso de 12 por 6 segundos, multiplique esse número por dez e terá as batidas por minuto (bpm); seu batimento cardíaco será de 120 bpm. Esse tipo de medida somente dará uma estimativa do batimento cardíaco nesse instante, já que o batimento resultante pode estar defasado em até 20%! Sem falar que você precisa parar ou diminuir o exercício para tomar o pulso.

Embora haja poucos tipos diferentes de monitores no mercado, não perca seu tempo com qualquer um que não tenha a etiqueta "Precisão de ECG". Até agora, ninguém inventou um monitor que seja exato sem utilizar uma faixa peitoral (transmissor) e um relógio de pulso (recebedor). A faixa serve tanto para o homem quanto para a mulher e parece um pouco esquisita no começo, mas depois de algumas sessões você nem vai notá-la. A transmissão é sem fio, de modo que o relógio pode ser colocado em qualquer lugar, desde que seja perto o suficiente para receber o sinal (geralmente, cerca de um metro). Existem várias indústrias que fabricam monitores; a Polar Corporation é a mais conhecida. Os preços variam de acordo com as características que você desejar. Recomendo um que tenha cronógrafo. Assim você não vai precisar de dois relógios quando fizer os exercícios (veja o Apêndice III).

É muito fácil se enganar e pensar que está treinando na intensidade adequada quando, na verdade, você pode estar se exercitando muito abaixo do nível adequado e não atingir seus objetivos de treino. Pior ainda é quem está treinando *acima* do nível adequado – isso pode ser perigoso! O monitor é uma excelente maneira de eliminar a suposição do seu treinamento. Os modelos variam de preço; é possível até encontrar um modelo que pode baixar os dados em um computador pessoal. Qualquer que seja o monitor, certifique-se de que seja à prova d'água.

A retroinformação fornecida por um monitor de batimento cardíaco é útil em qualquer atividade aeróbica. Nossos clientes de condicionamento consideram-na muito útil, não somente por manter um treino verdadeiro, mas também por fornecer uma boa distração da monotonia de algumas atividades aeróbicas.

Agora que você sabe que precisa de um monitor e que deve ficar dentro do âmbito de seu objetivo, como descobrir que âmbito é esse?

Existem diferentes maneiras de definir âmbito de objetivo, embora muitas se resumam à mesma coisa. A seguir, temos uma maneira bem simples e direta de calcular e definir três âmbitos amplos de zonas cardíacas – anaeróbica, aeróbica e subaeróbica. Todas elas são definidas como uma porcentagem do máximo batimento cardíaco individual; portanto, esses âmbitos são diferentes para cada indivíduo.

O máximo batimento cardíaco é a taxa mais rápida em que seu coração consegue bombear. Há duas maneiras de determinar isso: por teste ou por uma equação. O método da equação, embora simples, não é exato e, na melhor das hipóteses, apenas lhe dá um número aproximado. A equação é: 220 *menos* sua idade *igual a* máximo batimento cardíaco previsto por idade (MBC).

Existem até qualificadores que tentam uma precisão maior, usando 226 para mulheres, em lugar dos 220 usados para os homens. Outro método é subtrair o pulso em estado de descanso antes de calcular a porcentagem e depois adicioná-lo novamente. Em vez de protelar com essa fórmula "média" fictícia, faça um teste de estresse supervisionado por um médico ou outro profissional. Para obter resultados mais precisos, você deve fazer esses testes enquanto executa sua atividade escolhida.

*FATO:* um dos meus parceiros favoritos de treinamento, Ronnie Schuler (um excelente triatleta por faixa etária), é mais de vinte anos mais velho que eu. Freqüentemente pedalamos juntos em corridas de treinamento. O máximo batimento cardíaco previsto por idade dele é 165; o meu é 185. Seu verdadeiro batimento cardíaco é 181, e o meu, 174. Isso é muito comum, já que a fórmula é feita para uma pessoa média fictícia. Existem outros fatores, além da idade, que determinam o máximo batimento cardíaco, tais como genética, tamanho do coração e eficiência.

### Âmbito do alvo (sua meta de treinamento aeróbico)

Sua meta é ficar no âmbito aeróbico porque essa é a zona de queima de gordura (a fonte de combustível escolhida tanto por atletas quanto por não-atletas). É também o melhor âmbito para exercitar o coração e aprimorar a boa forma geral e esportiva. Permitir que o batimento cardíaco ultrapasse o âmbito do alvo por mais de uns dois minutos reduz enormemente a eficácia do treinamento. O estranho é que a amplitude do alvo da maioria das atividades é a mesma para atletas e para não-atletas, porque tanto os que querem perder peso quanto os atletas de competição e de condicionamento precisam promover queima de gordura.

As exceções à regra de que é preciso ficar dentro do âmbito do batimento cardíaco são os atletas de competição, como corredores e atletas de recreação que se envolvem em esportes rápidos, do tipo começa e pára, a exemplo de tênis e basquete. No entanto, mesmo que esses esportes estejam em sua lista, você ainda precisa fazer a maior parte de seu treinamento na amplitude aeróbica para criar resistência.

O treinamento anaeróbico constitui uma pequena porcentagem do total da semana e pode ser completamente descartado se você não tiver interesse em competição ou em esportes rápidos do tipo começa e pára.

As porcentagens que funcionam melhor para a maioria dos indivíduos são: anaeróbica, 80% a 100%, aeróbica, 65% a 85%, e subaeróbica, abaixo de 60%. Note a sobreposição de 5% entre o treinamento aeróbico e o anaeróbico. Isso indica que as linhas estão imprecisas e somente são definidas por meio de um teste máximo. O ponto em que uma pessoa passa do treinamento aeróbico para o anaeróbico é chamado de limiar de batimento cardíaco (Limbc). O Limbc aumenta à medida que você fica mais em forma. O teste de Conconi é um modo exato para encontrar tanto o Limbc quanto o máximo batimento cardíaco. É um gráfico do batimento cardíaco *versus* velocidade (intensidade); o Limbc está onde a curva começa a se inclinar. A amplitude aeróbica está de 5 a 15 batimentos abaixo disso. (Veja o Apêndice I para sugestões de leitura.) É importante notar que os batimentos cardíacos testados na água são 10% mais baixos do que os testados em terra!

Agora que vimos os "furos" da fórmula de previsão por idade e apresentamos o método de teste de alta tecnologia, vamos ver duas opções úteis e mais simples para verificar se você está treinando dentro de sua amplitude aeróbica. O "teste da conversa" funciona otimamente e é mais preciso do que a fórmula de previsão por idade. O teste é simples: treine com um parceiro e mantenha uma conversação. Se você mal puder expressar frases de uma palavra, será bem provável que esteja no anaeróbico. Se, por outro lado, puder falar em longas sentenças, como faria se estivesse sentado num café, então provavelmente estará no subaeróbico. Se sua conversa é ligeiramente destacada, mas ainda pode conversar com sentenças (embora mais curtas que o comum), você provavelmente está no âmbito aeróbico de 90% do seu tempo de treinamento.

Outra maneira simples é usar o esforço percebido (EP). Há muitas maneiras de descrever o EP, tais como uma escala de 1 a 10 ou de 1 a 18 ou alguma porcentagem do máximo esforço percebido. Associar um esforço percebido numa escala de 1 a 10 durante um teste de conversa lhe dará dois indicadores para verificar seu âmbito aeróbico.

Com tudo isso dito e feito, não vá ficar maluco com seu batimento cardíaco; procure ficar longe do esforço total e do nível muito baixo de intensidade. Projete um nível que exija pouco, mas em que você se sinta confortável durante 20 a 60 minutos. A Faculdade Norte-americana de Medicina Esportiva recomenda exercícios aeróbicos de três a cinco vezes por semana para o atleta de condicionamento.

## FLEXIBILIDADE

A flexibilidade é um aspecto freqüentemente negligenciado da boa forma e do desempenho. Durante o curso normal da vida, nossos músculos diminuem e, ao envelhecer, naturalmente perdemos aos poucos a amplitude de movimento.

Também é possível perder a amplitude de movimento devido a lesões e excesso de uso. Quando você nota alguém vendendo saúde e juventude, a flexibilidade está no centro do que vê. Uma pessoa curvada, dando passos curtos (basicamente, alguém sem flexibilidade), não parece, nem age, nem se sente vibrante e saudável. A boa notícia é que a flexibilidade e, conseqüentemente, a amplitude de movimento podem ser restauradas e aprimoradas por meio de alongamento.

Este capítulo servirá de *introdução* prática para o alongamento em terra, um assunto que deverá ser estudado futuramente (veja o Apêndice I para sugestões de leitura). Um aspecto formidável do treinamento na água é que ele é naturalmente muito propício ao alongamento, prevenindo o endurecimento dos músculos, como se vê em quase todas as outras formas de exercício. No entanto, ele é limitado em termos de isolar os músculos e em determinar quais partes do corpo precisam de flexibilidade extra.

Meus estudos e treinamentos sobre flexibilidade me levaram a conhecer e trabalhar com Aaron Mattes, que foi o pioneiro do Alongamento Isolado Ativo. Achei seus métodos mais úteis, eficazes e agradáveis do que todas as formas de alongamento. Ele escreveu um livro excelente, que recomendo: *Active and assistive isolated stretching* (Alongamento isolado ativo e assistido – veja o Apêndice I). Esse livro expõe uma filosofia que inclui métodos para alongamento do corpo todo.

Treinando na academia de Aaron Mattes, vi milagres acontecerem diariamente! Ele mistura trabalhos de flexibilidade e força com muito cuidado.

*FATO:* a capacidade de atingir 20 a 30° de correção espinal é muito comum para os pacientes com escoliose que desejam seguir o programa de alongamento e fortalecimento de Aaron Mattes. Ele preconiza uma intervenção prematura e afirma que, se atendidos logo no começo, alguns tipos de escoliose podem ser totalmente corrigidos.

O trabalho na água é uma forma de exercício e terapia comumente recomendada por Aaron Mattes. Ele diz: "O exercício aquático é muito importante no pré e pós-operatório. É bom para os exercícios de quadris e costas e ajuda os atletas a criar força e se tornarem mais explosivos. Há um limite para os saltos que os atletas podem dar em terra, mas não na água".

Nos últimos anos, fisiólogos e pesquisadores de exercícios têm aprendido muito sobre alongamento de músculos e tendões. A explanação seguinte é uma versão simples de como nosso conhecimento progrediu a partir de um alongamento balístico para o alongamento estático, até chegar ao alongamento ativo isolado.

Alongamento balístico significa fazer movimentos súbitos para ir além de certo ponto no alongamento. Esse alongamento já foi totalmente abandonado, uma vez que impõe um tremendo estresse nos músculos e tendões e pode causar lesão. O alongamento estático, que teve enorme popularidade, é uma abordagem delicada: o atleta procura vagarosamente ir além do alongamento "confortável" e permanece nele durante 20, 30, 60 segundos ou mais. Embora popular, esse método ignora um princípio básico da fisiologia muscular: o reflexo do alongamento. O corpo responde ao alongamento estático (em aproximadamente dois segundos) ao contrair, como proteção, o músculo exato que você tenta alongar, de modo que você acaba se engajando numa espécie de cabo-de-guerra.

O alongamento isolado ativo apresenta três vantagens inerentes em seus princípios:

1. Quando se alonga o músculo desejado, o músculo oposto se contrai; esta ação tem o efeito fisiológico de relaxar o músculo que se deseja alongar.
2. Mantém-se o alongamento durante apenas dois segundos, evitando, assim, o reflexo do alongamento.

Repete-se o movimento oito ou dez vezes, o que permite ir além a cada repetição. Isso também tem o efeito de banhar os músculos com sangue fresco. Quando utilizado de maneira adequada, esse método tem um efeito marcante de massagem na unidade músculo–tendão e, como resultado do influxo de sangue fresco (nutrientes), agiliza a cura e a recuperação.

Durante o alongamento, é recomendável se concentrar na expiração. Esse tipo de respiração permite que o alongamento isolado ativo seja tão eficaz quanto – ou mais eficaz do que – uma massagem profunda feita para a recuperação de uma lesão muscular.

Fazer o alongamento isolado ativo em conjunto com os treinos aquáticos permite uma incrível flexibilidade. Para melhores resultados, faça primeiro um alongamento rápido e leve de aquecimento e então uma sessão mais agressiva depois do treino.

## FORÇA

Um programa de treinamento de força deve se dirigir ao corpo todo. Isso pode ser feito tanto isolando grupos de músculos quanto trabalhando-os em combinação. Posso dizer, com minha experiência em treinamento pessoal, que

O treinamento de força é uma das pedras angulares da saúde, pois ajuda a prevenir osteoporose, aumenta a confiança e aprimora o desempenho. O treinamento de força é indicado para pessoas de todas as idades, especialmente para a população idosa. O treinamento de força tem provado ser tão bem-sucedido na água quanto em terra – e possivelmente mais seguro. As crianças (inclusive jovens adultos que ainda estão em crescimento) não devem levantar cargas pesadas porque seus ossos ainda estão em crescimento; por isso, a água é o ambiente ideal para elas. As crianças devem se concentrar mais nos exercícios de fortalecimento que usam seu peso corporal e a resistência da água, como flexões, levantamentos e barras paralelas.

Para aumentar a força muscular, é preciso trabalhar os músculos duas ou três vezes por semana. Faça de uma a três séries, repetindo de 10 a 15 vezes cada exercício. Quando puder atingir facilmente 15 repetições em boa forma, aumente em 5% ou 10% sua resistência em terra; na água, acrescente luvas ou bóia. Nos exercícios que utilizam seu próprio peso junto com a resistência da água (tais como exercícios na Estação de Treino da Água), simplesmente continue a aumentar as repetições em boa forma. A técnica correta é a parte mais importante do treinamento de força. Não importa quanto peso possa levantar se você treme e usa o *momentum* em vez dos músculos específicos que devem ser isolados.

### SUGESTÃO DE UM PROGRAMA DE TREINAMENTO DE FORÇA EM TERRA

| EXERCÍCIOS | MÚSCULOS | TIPO DE EQUIPAMENTO |
|---|---|---|
| Agachamento | Glúteos, quadríceps | Máquina ou pesos livres |
| Extensão das pernas | Quadríceps | Máquina |
| Flexão das pernas | Tendões da perna | Máquina |
| Elevação da panturrilha | Grupo da panturrilha | Máquina ou pesos livres |
| Puxada dorsal | Latíssimo | Máquina |

(cont.)

| | | |
|---|---|---|
| Flexões | Peito | Nenhum |
| Barras paralelas | Tríceps, deltóides | Máquina |
| Levantamento na barra | Braços, ombros, costas | Máquina ou pesos livres |
| Pressão no ombro | Deltóides | Máquina ou pesos livres |
| Flexão do bíceps | Bíceps | Máquina ou pesos livres |
| Extensão do tríceps | Tríceps | Máquina ou pesos livres |
| Abdominal com joelhos a 90° | Abdominais | Nenhum |
| Abdominal reverso | Abdominais | Nenhum |
| Extensão da região lombar | Músculos da coluna | Nenhum |
| Torção do tronco | Oblíquos abdominais | Nenhum |

Os exercícios a seguir podem ser feitos numa academia, com pesos livres e/ou máquinas. Se você não está familiarizado com treinamento de peso, recomendo o livro *Basic weight training for men and women* (Treinamento básico de peso para homens e mulheres – veja o Apêndice I). Insisto em recomendar os serviços de um treinador pessoal ou terapeuta físico para mostrar-lhe exatamente o que fazer com o treinamento de peso. O ritmo e a respiração corretos para todo o treinamento de força é o seguinte: durante o movimento positivo (levantando ou empurrando o peso), expire ao contar dois; durante o movimento negativo (trazendo o peso de volta), inspire ao contar quatro. É no movimento negativo que a maior parte da força é obtida.

Sempre que possível, use pesos livres e trabalhe os membros separadamente, a fim de aprimorar o equilíbrio, isolar os grupos de músculos (exatamente como fez no treinamento de flexibilidade) e prevenir a compensação de um lado mais forte. Mantenha um diário de exercícios. Alterne dias pesados e dias leves para aprimorar seu treinamento de força. Uma boa maneira de começar um programa como esse é se filiar a uma academia bem equipada e fazer várias sessões com um treinador de clube de condicionamento, para ser orientado quanto ao equipamento.

## NUTRIÇÃO

Com certeza, não há falta de informação nutricional disponível. Numerosos livros e vídeos se alinham nas estantes das livrarias. Com tanta informação acessível, pode ser difícil selecionar uma dieta saudável. Não apenas existem muitas escolhas, mas também as necessidades individuais variam e as alergias e sensibilidades a alimentos precisam ser abordadas uma a uma. Acima de tudo, há muitas variáveis e estresses que modificam as demandas de nossos corpos. Proteína é sempre excelente para todo mundo. O que se segue são algumas linhas gerais que acho úteis para mim mesmo e para os vários clientes e atletas com quem trabalho.

Seleção de alimentos de qualidade, hidratação e periodicidade são cruciais para alcançar boa saúde e ótimo desempenho. Alguns atletas também acham que os suplementos vitamínicos são benéficos. Cada um desses tópicos é abordado neste capítulo.

A escolha de alimentos de alta qualidade pode aumentar a competitividade atlética porque fornece o combustível necessário para a energia e para o desenvolvimento e reparação dos tecidos.

Quanto mais se utilizar de alimentos integrais não-industrializados, melhor você se sentirá e melhor será seu desempenho; e quanto mais líquido tiverem esses alimentos, melhor será sua escolha. Frutas e vegetais são o segredo e é útil transformá-los em sucos, já que esse processo produz uma fonte de vitaminas e minerais. Cereais e pães de trigo integral também devem ser reforçados, pois fornecem calorias adicionais de carboidrato para alimentar os músculos e o tecido do cérebro. Manter-se bem hidratado é essencial. Diminua ou limite o consumo de carne, gorduras saturadas, café, álcool e açúcar refinado. Você realmente precisa de um pouco de gordura para a produção de hormônios e para a lubrificação dos órgãos; consuma apenas gorduras de alta qualidade, tais como óleo de oliva, abacate e outros óleos vegetais. Um pouquinho de gordura (de 15% a 30%) vai ajudá-lo a manter um nível mais alto de energia.

Manter-se hidratado é tão importante quanto escolher os alimentos adequados. Beba muito líquido, especialmente água. A água constitui a maior porcentagem do corpo e está presente em quase todos os processos, tais como estabilização da temperatura do corpo, transporte de nutrientes e transformação de gordura em fonte de energia utilizável. A ingestão de líquido inadequado reduz a capacidade de executar essas tarefas e limita a capacidade de atingir seu potencial.

Os suplementos vitamínicos podem ser úteis, mas devem ser prescritos por um profissional experiente. Alguns treinadores pessoais são bem experientes em nutrição, mas um nutricionista esportivo ou um quiroprático são mais recomendáveis. Para evitar uma possível parcialidade, tente trabalhar com alguém que não venda vitaminas. Minha recomendação pessoal quanto a suplementos é uma múltipla combinação em pó de vitaminas e minerais. O pó misturado com o suco é a maneira mais eficaz de ingerir suplementos. Seu corpo não precisa quebrar a pílula e você ainda tem a ingestão adicional de líquido. O melhor produto que conheço é o All One Powder™. Além disso, a suplementação mineral é importante.

Quando você come pode ser tão importante quanto o que você come. Tente tomar um substancial café-da-manhã. Se treinar é a primeira coisa em sua lista de afazeres, então planeje comer depois, tão logo for possível. Tente dividir as refeições e fazer o que os animais fazem: lambiscar. Lanchinhos de frutas e vegetais entre as refeições são uma ótima maneira de ingerir vitaminas, minerais e energia. Tente comer alimentos leves no jantar e não muito tarde. Comer uma refeição pesada no jantar numa hora tardia é um dos piores hábitos de dieta. Enquanto seu corpo está diminuindo o ritmo e se preparando para descansar, é sobrecarregado com o trabalho duro de digerir uma refeição pesada. Para aqueles que estão tentando perder peso, comer tarde é uma "dieta suicida": mais calorias são armazenadas como gordura se consumidas à noite do que de manhã cedo.

Tenha sempre à mão lanches saudáveis, como frutas secas, água engarrafada, nozes, sementes e barras de energia, caso tenha de atrasar ou perder uma refeição. Não pule as refeições deliberadamente.

Nutrição adequada é um conceito pessoal e subjetivo. Tente algumas das idéias apresentadas aqui. Leia alguns dos livros sugeridos. Encontre pessoas que estão obtendo resultados; depois ouça seu próprio corpo e sua mente e desenvolva hábitos alimentares que sejam melhores para você.

## RESPIRAÇÃO

Respirar é uma daquelas funções automáticas que aceitamos como fato natural. Cada inspiração traz oxigênio e cada expiração expele toxinas. Com cada respiração, estamos nos "alimentando" com o oxigênio de que precisamos para sustentar a vida e a saúde. Quanto mais eficientemente respiramos, mais eficientemente transferimos oxigênio para as células e mais completamente removemos os produtos inaproveitáveis. Muitos especialistas em saúde acham que uma das melhores coisas que você pode fazer por sua saúde é dar dez inspiradas lentas e profundas por dia. Você deve levar mais tempo para expirar, certificando-se de expirar completamente.

Ter o controle de sua respiração é sempre importante, porque permite que tenha o controle de seu corpo. Para fazer isso, concentre-se na expiração. Você pode usar o controle da respiração para se acalmar a qualquer hora e em qualquer lugar. Sua inalação é automática. A síndrome de lutar-ou-fugir traz rápidas inalações, disparando um número de processos que são úteis em situações de emergência, como quando você vê um carro correndo em sua direção e precisa de cada porção de adrenalina e prontidão para "fugir" do perigo. No entanto, arquejar e dar curtas e rápidas respirações não é vantajoso em muitas situações. Portanto, concentre-se em exalações longas e lentas. (Veja no Apêndice I o livro *Breath play*.)

## CONEXÃO MENTAL

A mente (ou cérebro) controla tudo que fazemos. Nunca me canso de admirar quanto nós, seres humanos, podemos ficar envolvidos com nossos corpos: treinar, ir ao cabeleireiro, fazer depilação, lixar as unhas, tingir o cabelo, arranjar uma ótima (e muitas vezes cara) alimentação, ingerir vitaminas e ervas, consultar médicos e terapeutas – muitas vezes negligenciando o órgão que controla tudo! A mente.

Atividades regulares de condicionamento, especialmente aquelas feitas na água, podem fornecer uma tremenda vantagem mental. Muitas pessoas, que de outro modo poderiam não ser capazes de se exercitar, aplaudem os benefícios dos treinos na água. Está além dos objetivos deste livro entrar em grandes detalhes sobre a melhor maneira de abordar essa tendência para o lado mental. Esse assunto não é nem de perto tão óbvio quanto condicionamento. A saúde de sua mente é um assunto muito individual e geralmente abrange pontos tanto espirituais quanto psicológicos. Atividades como ioga, meditação, grupos de prece, psicoterapia, férias "reais" e relacionamentos significativos são exemplos de atividades que "alimentam" a mente. Seu cérebro pode levá-lo a qualquer lugar aonde você quiser ir; alimente-o bem!

# Apêndice I

### Sugestões de leitura

BALCH, James; BALCH, Phyllis. *Nutritional healing*. Wayne: Avery Publishing, 1996. Fonte de respostas para todas as perguntas técnicas sobre nutrição.

COVEY, Stephen. *The seven habits of the highly successful*. Nova York: Fireside Books, 1990. Tecnologia de ponta na administração do tempo e da vida.

FAHEY, Thomas. *Basic weight training for men and women*. 2. ed. Mountain View: Mayfield Publishers, 1994. Um bom livro para mostrar as várias maneiras de trabalhar os músculos usando pesos e máquinas.

HAAS, Robert. *Eat to win and eat to succeed*. Nova York: Signet, 1983, 1986. Algumas boas dicas sobre nutrição e o atleta. Uma boa abordagem sobre como atingir o equilíbrio na dieta.

HAVERLAND, Bill; SAUNDERS, Tom. *Swimmers' guide*. Stuart: ALSA Publishing, 1995. Um guia de referência para o praticante aquático viajante, com listas de piscinas em todas as cidades dos Estados Unidos.

HUEY, Lynda; FORSTER, Robert. *The complete waterpower workout book*. Nova York: Random House, 1993. Linhas gerais de um programa com ilustrações para treino na água, com ênfase em prevenção e cura de lesões.

JACKSON, Ian. *The Breath Play approach to whole life fitness*. Garden City: Doubleday and Company, 1995. Um guia passo a passo para uma respiração mais poderosa e eficaz.

KATZ, Jane (ed.). *W.E.T. WORKOUT: water exercise techniques to help you tone up and slim down aerobically*. Nova York: Facts on File, 1985. Um livro ilustrado que apresenta um programa progressivo de três meses com exercícios aquáticos, combinados com ginástica e natação sincronizada.

KINDER, Tom; SEE, Julie. *Aqua aerobic: a scientific approach*. Dubuque: E. Bowers Publishing, 1992. Este livro descreve as informações básicas e os princípios de exercícios para um programa de aeróbica aquática. Inclui exemplos de programas e programas especiais para praticantes adultos idosos.

MATTES, Aaron. *Active and assistive isolated stretching*. Publicado por Aaron Mattes, 2828 Clark Road, Sarasota, FL 34231, 1996. Este é um livro pioneiro no treinamento de flexibilidade e força. A academia de Aaron na Flórida é um lugar onde se tratam lesões e os atletas são treinados para um ótimo desempenho.

SOVA, Ruth. *Water fitness over 40*. Chaimpaign: Human Kinetics, 1995. Um livro escrito especialmente para a população acima de quarenta anos, que sistematicamente sofre mais lesões nas juntas e nos músculos do que a população mais jovem (eles também trabalham mais fortemente em seu programa de exercícios). Vários exercícios são esquematizados para introduzir o iniciante aquático em aeróbica aquática e condicionamento. Além disso, traz exercícios para níveis mais avançados de condicionamento, muitos dos quais podem ser adaptados para os que têm menos de quarenta anos.

Agora que você já tem o livro *Hidroginástica*, dê mais um empurrão em seu nado utilizando *Swim Power*, um vídeo de natação que o ajudará a visualizar todos os conceitos deste livro. Steve Tarpinian passou cinco anos desenvolvendo esse vídeo; as opiniões de treinadores e atletas concordam: *Swim Power* fará a maior diferença em seu nado. Procure também *Natação: um guia ilustrado de aperfeiçoamento de técnicas e treinamento para nadadores de todos os níveis*, de Steve Tarpinian, publicado pela Global Editora.

A análise em videoteipe é indispensável para quem está interessado em se tornar um melhor nadador.

Publicações em língua portuguesa:

RODRIGUES, Eduardo C.; CARNAVAL, Paulo (coords.). *Musculação: teoria e prática*. 25. ed. Rio de Janeiro: Sprint, 2003.

SHARKEY, Brian. *Condicionamento físico e saúde*. Trad. de Marcia Dornelles e Ricardo Demétrio de Souza Petersen. 5. ed. Porto Alegre: Artmed, 2006.

TARPINIAN, Steve. *Natação: um guia ilustrado de aperfeiçoamento de técnicas e treinamento para nadadores de todos os níveis*. São Paulo: Global Editora, 2007. Técnica aprofundada e completa de natação.

UCHIDA, M. C. et al. *Manual de musculação: uma abordagem teórico-prática do treinamento de força*. Colaboração de Paulo Henrique Marchetti. 4. ed. São Paulo: Phorte, 2006.

# Apêndice II

## Organizações

Estas organizações foram selecionadas devido ao seu compromisso com os exercícios aquáticos e a reabilitação. Estão classificadas em: reabilitação (R), Fitness (condicionamento) (F) e ênfase em treinamento aquático (T).

### Academia Competition
Rua Albuquerque Lins, 1080, Higienópolis, São Paulo (SP)
Rua Oscar Freire, 2066, Jardins, São Paulo (SP)
Rua Cincinato Braga, 520, Bela Vista, São Paulo (SP)

### Academia Djan Madruga
Rua Desembargador Paulo Alonso, 870, Recreio dos Bandeirantes, Rio de Janeiro (RJ)

### Academia Manoel dos Santos
Av. Jorge João Saad, 345, Morumbi, São Paulo (SP)

### Academia Sanches Sports
Rua Nadir, 58, Guarulhos (SP)

### AcquaMania
Rua Barata Ribeiro, 269, Loja A, Copacabana, Rio de Janeiro (RJ)

### Companhia Athletica
Unidades em São Paulo (SP), Belém (PA), Belo Horizonte (MG), Brasília (DF), Campinas (SP), Curitiba (PR), Manaus (AM), Ribeirão Preto (SP), São José dos Campos (SP), Rio de Janeiro (RJ).
Site: www.ciaathletica.com.br

**Federação Aquática Paulista**
Rua Manoel da Nóbrega, 1361, Ibirapuera, São Paulo (SP)
Site: www.aquaticapaulista.org.br

**Gustavo Borges Academias**
Rua José Ramón Urtiza, 901, Morumbi, São Paulo (SP)

**Kainágua – Academia de Resultados**
Av. Guilherme Dumont Vilares, 249 e 515, Morumbi, São Paulo (SP)

**Peixe, Peixinho, Peixoto Natação**
Rua Peixoto Gomide, 1573, Jardins, São Paulo (SP)

**Swimming Center (T)**
Rua Vergueiro, 4527, Vila Mariana, São Paulo (SP)
Rua Dr. Rafael de Barros, 365, Paraíso, São Paulo (SP)

# Apêndice III

Catálogos e vendedores de equipamentos

**Armazém 11**
Central de atendimento: (19) 3269-8243
www.armazem11@terra.com.br
Campinas (SP)

**Bondfaro**
www.bondfaro.com.br

**Natashop – Shopping virtual da Hammerhead**
www.natashop.com.br

**Shoptime**
www.shoptime.com

**Submarino**
www.submarino.com.br

**TKA Esportes**
Rua Izaac Ferreira da Cruz, 3421, Curitiba (PR)
www.tkaesportes.com.br

# Glossário

**A Águia:** exercício aquático de flexão abdominal feito com cordas de elástico resistentes, presas a luvas ou sapatilhas.

**Abdução:** mover o braço ou a perna para longe do corpo.

**Adução:** o oposto da abdução. Mover o braço ou a perna em direção ao corpo. (Dica: o prefixo "ad" significa "em direção a".)

**Aeróbico:** o estado no qual o consumo de oxigênio é aumentado pelo aperfeiçoamento dos órgãos respiratórios e cardíacos. Esse estado pode ser alcançado apenas por meio de vários exercícios, tais como natação, corrida e bicicleta.

**Água aberta:** qualquer ambiente de natação que não seja uma piscina, tal como um lago ou o oceano.

**Água rasa:** qualquer local com água ou parte da piscina onde os pés podem sempre tocar o fundo.

**Âmbito de objetivo:** objetivo pessoal da taxa de batimento cardíaco aeróbico.

**Anaeróbico:** estado no qual, durante um exercício pesado, o ácido pirúvico é libertado, agindo como um receptor de hidrogênio, e o ácido láctico se acumula nos tecidos.

**Antagonista:** o músculo que age na direção oposta à do músculo que se está usando (isto é, os quadríceps são os antagonistas dos tendões da perna).

**Artrite:** lesão na cartilagem articular de uma junta, causando dor e inflamação.

**Bainha do rotador:** músculos intrínsecos do ombro responsáveis por sua fixação.

**Cadência:** fluxo de movimento rítmico e equilibrado, como ao marchar.

**Carga gama:** aumento de resistência para um movimento muitas vezes mais intenso do que os músculos normalmente experimentam.

**Dor na canela:** inflamação dolorosa nos músculos extensores da tíbia e dos dedos do pé, causada por pequenos traumas repetidos.

**Elástico resistente:** uso de uma corda extensível presa a dois pontos (isto é, duas sapatilhas ou munhequeiras) para exercitar de maneira recíproca. Por exemplo, prender uma única corda elástica no anel de ambas as sapatilhas: um lado puxa, enquanto o outro lado empurra.

**Estação de Treino na Água:** aparelho de aço inoxidável que se liga à beirada da piscina e age como uma estação para o treinamento na água; especialmente útil para exercícios em água profunda.

**Extensor:** acessório de natação que liga e mantém o nadador no lugar. Também usado para dar estabilidade a corredores de água profunda.

**Fartleck:** intervalo aleatório executado durante um treino.

**Fator "novo ambiente":** efeito renovador de uma mudança no programa de treino.

**Flutuabilidade:** habilidade de um corpo em flutuar, ou a força ascendente exercida por um fluido sobre um corpo nele colocado.

**Fortalecimento gama:** efeito de fortalecimento aumentado pela carga gama.

**Protagonista:** o músculo que se está usando. Ele age na direção oposta à do músculo antagonista. Por exemplo, os tríceps são os protagonistas dos bíceps.

**Repetição:** qualquer exercício (ou distância de exercício) que implica fazer a mesma distância ou exercício por certo número de vezes, com breves intervalos de descanso. Um exercício individual de uma série é chamado de repetição.

**Resistência:** força exercida contra um movimento.

**Série:** um grupo de repetições.

**Short de Flutuação:** artefato de flutuação para exercício, combinando flutuação com um confortável short que previne esse artefato de se elevar durante o exercício.

**Supracadência:** palavra criada por David Brennan, do Centro Internacional de Corrida de Houston, para designar o aumento de cadência (velocidade do passo) que se pode alcançar treinando na água.

**Tendão:** cordão ou faixa dura de tecido conectivo denso e fibroso que liga o músculo ao osso.

**Treinamento de circuito:** uma série de exercícios feitos seqüencialmente para criar uma rotina de treino.

**Treinamento de intervalo:** treino intenso por um período de tempo e alternado com períodos mais leves ou de descanso.

**Treinamento positivo-positivo:** aspecto único do treinamento de força na água que permite trabalhar positivamente os músculos protagonista e antagonista com um exercício.

**Turbulência:** agitação da água em volta do praticante, proporcionando-lhe um efeito de massagem.

**"Zona":** taxa de batimento cardíaco aeróbico a ser alcançada para colocar o praticante em seu melhor nível de queima de gordura.

Leia também:

**Natação**

Um guia ilustrado de aperfeiçoamento de técnicas e treinamento para nadadores de todos os níveis
*Steve Tarpinian*
ISBN 978-85-7555-129-5

Consultor esportivo, triatleta e responsável pelo vídeo de treinamento *Swim Power*, Steve Tarpinian decidiu compilar sua experiência em um manual que explica de forma simples e prática os princípios básicos da natação para todos que desejam melhorar seu desempenho no esporte. *Natação* é um guia essencial para desenvolver um programa de treinamento de sucesso, tanto para os nadadores competitivos como para quem busca apenas manter a forma.

Repleto de conselhos práticos e ilustrações, este livro explica desde a braçada simples até como criar o próprio programa de treinamento. Tarpinian também mostra como identificar os erros mais comuns nas braçadas, no posicionamento do corpo, na respiração e depois explica como corrigi-los. Estão contemplados neste livro os quatro principais estilos de natação: nado livre, peito, costas e borboleta.

Com mais de cinqüenta ilustrações, *Natação* é leitura obrigatória para todos que estão dispostos a melhorar seu desempenho no esporte.

Impresso nas oficinas da
Gráfica Palas Athena